O ESPECTADOR EMANCIPADO

# O ESPECTADOR EMANCIPADO

Jacques Rancière

Tradução
Ivone C. Benedetti

*wmf* **martinsfontes**

*Esta obra foi publicada originalmente em francês com o título*
*LE SPECTATEUR ÉMANCIPÉ*
*por La Fabrique-Éditions, Paris*
*Copyright © La Fabrique-Éditions, 2008*
*Copyright © 2012, Editora WMF Martins Fontes Ltda.,*
*São Paulo, para a presente edição.*

**1ª edição** 2012
**5ª tiragem** 2021

**Tradução**
*Ivone C. Benedetti*
**Acompanhamento editorial**
*Luzia Aparecida dos Santos*
**Revisões**
*Antália Ursi*
*Solange Martins*
**Edição de arte**
*Adriana Maria Porto Translatti*
**Produção gráfica**
*Geraldo Alves*
**Paginação**
*Moacir Katsumi Matsusaki*

**Dados Internacionais de Catalogação na Publicação (CIP)**
**(Câmara Brasileira do Livro, SP, Brasil)**

Rancière, Jacques
 O espectador emancipado / Jacques Rancière ; tradução Ivone C. Benedetti. – São Paulo : Editora WMF Martins Fontes, 2012.

 Título original: Le spectateur émancipé.
 ISBN 978-85-7827-559-4

 1. Arte – Filosofia 2. Estética da recepção 3. Imagem (Filosofia) I. Título.

12-03180                                                            CDD-701

**Índices para catálogo sistemático:**
1. Arte : Filosofia   701

*Todos os direitos desta edição reservados à*
**Editora WMF Martins Fontes Ltda.**
*Rua Prof. Laerte Ramos de Carvalho, 133  01325.030  São Paulo SP  Brasil*
*Tel. (11) 3293.8150  e-mail: info@wmfmartinsfontes.com.br*
*http://www.wmfmartinsfontes.com.br*

# Sumário

O espectador emancipado      7

Desventuras do pensamento crítico      27

Paradoxos da arte política      51

A imagem intolerável      83

A imagem pensativa      103

*Origem dos textos*      127

# O espectador emancipado

Este livro teve origem no pedido que me foi feito há alguns anos de introduzir a reflexão de um grupo de artistas dedicado ao espectador a partir das ideias desenvolvidas em meu livro *Le Maître ignorant* [*O mestre ignorante*][1*]. De início, essa proposta causou-me alguma perplexidade. *O mestre ignorante* expunha a teoria excêntrica e o destino singular de Joseph Jacotot, que causara escândalo no início do século XIX ao afirmar que um ignorante pode ensinar a outro ignorante aquilo que ele mesmo não sabe, ao proclamar a igualdade das inteligências e opor a emancipação intelectual à instrução pública. Suas ideias caíram no esquecimento a partir de meados de seu século. Achei bom reavivá-las na década de 1980 para balançar o coreto dos debates sobre as finalidades da Escola pública com os ventos da igualdade intelectual. Mas, no âmbito da reflexão artística contemporânea, que uso dar ao pensamento de um homem cujo universo artístico pode ser emblematizado pelos nomes de Demóstenes, Racine e Poussin?

---

1. O convite para abrir a quinta *Internacional Sommer Akademie* de Frankfurt, em 20 de agosto de 2004, me foi feito pelo *performer* e coreógrafo sueco Mårten Spåkngberg.
\* Trad. bras., Lílian do Valle, Autêntica, 2.ª ed., 2004. [N. da T.]

Pensando melhor, porém, pareceu-me que a ausência de relações evidentes entre reflexões sobre a emancipação intelectual e a questão do espectador nos dias de hoje também era uma possibilidade. Poderia ser uma oportunidade de distanciamento radical em relação aos pressupostos teóricos e políticos que, mesmo na forma pós-moderna, ainda sustentam o essencial do debate sobre o teatro, a performance e o espectador. Mas, para trazer à tona a relação e dar-lhe sentido, seria preciso reconstituir a rede de pressupostos que põem a questão do espectador no cerne da discussão sobre as relações entre arte e política. Seria preciso delinear o modelo global de racionalidade sobre cujo fundo nos acostumamos a julgar as implicações políticas do espetáculo teatral. Emprego aqui essa expressão para incluir todas as formas de espetáculo – ação dramática, dança, performance, mímica ou outras – que ponham corpos em ação diante de um público reunido.

As numerosas críticas às quais o teatro deu ensejo ao longo de toda a sua história podem ser reduzidas a uma fórmula essencial. Eu lhe daria o nome de paradoxo do espectador, paradoxo mais fundamental talvez que o célebre paradoxo do ator. Esse paradoxo é simples de formular: não há teatro sem espectador (mesmo que um espectador único e oculto, como na representação fictícia de Fils naturel [O filho natural] que dá ensejo aos Entretien [Colóquios] de Diderot). Ora, como dizem os acusadores, é um mal ser espectador, por duas razões. Primeiramente, olhar é o contrário de conhecer. O espectador mantém-se diante de uma aparência ignorando o processo de produção dessa aparência ou a realidade por ela encoberta. Em segundo lugar, é o contrário de agir. O espectador fica imóvel em seu lugar, passivo. Ser espectador é estar separado ao mesmo tempo da capacidade de conhecer e do poder de agir.

Esse diagnóstico abre caminho para duas conclusões diferentes. A primeira é que o teatro é uma coisa absolutamente ruim, uma cena de ilusão e passividade que é preciso eliminar em proveito daquilo que ela impede: o conhecimento e a ação, a ação de conhecer e a ação conduzida pelo saber. É a conclusão outrora formulada por Platão: o teatro é o lugar onde ignorantes são convidados a ver sofredores. O que a cena teatral lhes oferece é o espetáculo de um *páthos*, a manifestação de uma doença, a doença do desejo e do sofrimento, ou seja, da divisão de si resultante da ignorância. O efeito próprio do teatro é transmitir essa doença por meio de outra: a doença do olhar subjugado por sombras. Ele transmite a doença da ignorância que faz as personagens sofrer por meio de uma máquina de ignorância, a máquina óptica que forma os olhares na ilusão e na passividade. A comunidade correta, portanto, é a que não tolera a mediação teatral, aquela na qual a medida que governa a comunidade é diretamente incorporada nas atitudes vivas de seus membros.

É a dedução mais lógica. Contudo, não é a que prevaleceu entre os críticos da mimese teatral. Estes, na maioria das vezes, ficaram com as premissas e mudaram a conclusão. Quem diz teatro diz espectador, e isso é um mal, disseram eles. Esse é o círculo do teatro que nós conhecemos, que nossa sociedade modelou à sua imagem. Portanto, precisamos de outro teatro, um teatro sem espectadores: não um teatro diante de assentos vazios, mas um teatro no qual a relação óptica passiva implicada pela própria palavra seja submetida a outra relação, a relação implicada em outra palavra, a palavra que designa o que é produzido em cena, o *drama*. Drama quer dizer ação. O teatro é o lugar onde uma ação é levada à sua consecução por corpos em movimento diante de corpos vivos por mobilizar. Estes últimos podem ter renunciado a seu poder. Mas esse poder é retomado, reativado na performance dos primeiros, na inteligência que constrói essa performance, na energia que ela produz. É sobre esse poder ativo que cabe construir um teatro novo, ou melhor, um teatro reconduzido à sua virtude original, à sua essência verdadeira, de que os espetáculos assim denominados oferecem apenas numa versão degenerada. É preciso um teatro sem espectadores, em que os assistentes aprendam em vez de ser seduzidos por imagens, no qual eles se tornem participantes ativos em vez de serem *voyeurs* passivos.

Essa inversão conheceu duas grandes fórmulas, antagônicas em princípio, embora a prática e a teoria do teatro reformado as tenham frequentemente misturado. Segundo a primeira, é preciso arrancar o espectador ao embrutecimento do parvo fascinado pela aparência e conquistado pela empatia que o faz identificar-se com as personagens da cena. A este será mostrado, portanto, um espetáculo estranho, inabitual, um enigma cujo sentido ele precise buscar. Assim, será obrigado a trocar a posição de espectador passivo pela de inquiridor ou experimentador científico que observa os fenômenos e procura suas causas. Ou então lhe será proposto um dilema exemplar, semelhante aos propostos às pessoas empenhadas nas decisões da ação. Desse modo, precisará aguçar seu próprio senso de avaliação das razões, da discussão e da escolha decisiva.

De acordo com a segunda fórmula, é essa própria distância reflexiva que deve ser abolida. O espectador deve ser retirado da posição de observador que examina calmamente o espetáculo que lhe é oferecido. Deve ser desapossado desse controle ilusório, arrastado para o círculo mágico da ação teatral, onde trocará o privilégio de observador racional pelo do ser na posse de suas energias vitais integrais.

Tais são as atitudes fundamentais que resumem o teatro épico de Brecht e o teatro da crueldade de Artaud. Para um, o espectador deve ganhar distância; para o outro, deve perder toda e qualquer distância. Para um, deve refinar o olhar; para o outro, deve abdicar da própria posição de observador. As iniciativas modernas de reforma do teatro oscilaram constantemente entre esses dois polos, da inquirição distante e da participação vital, com o risco de misturar seus princípios e seus efeitos. Pretenderam transformar o teatro a partir do diagnóstico que levava à sua supressão. Portanto, não é de surpreender que elas tenham retomado não só os considerandos da crítica de Platão, como também a fórmula positiva que ele opunha ao mal teatral. Platão queria substituir a comunidade democrática e ignorante do teatro por outra comunidade, resumida numa outra performance dos corpos. Opunha-lhe a comunidade coreográfica, na qual ninguém permanece como espectador imóvel, na qual cada um deve mover-se segundo o ritmo comunitário fixado pela proporção matemática, mesmo que para isso seja preciso embriagar os velhos recalcitrantes em entrar na dança coletiva.

Os reformadores do teatro reformularam a oposição platônica entre *khorea* e *teatro* como oposição entre a verdade do teatro e o simulacro do espetáculo. Fizeram do teatro o lugar onde o público passivo de espectadores devia transformar-se em seu contrário: o corpo ativo de um povo a pôr em ação o seu princípio vital. O texto de apresentação da *Sommerakademie* que me acolhia expressava-o nos seguintes termos: "O teatro continua sendo o único lugar de confrontação do público consigo mesmo como coletividade." Em sentido restrito, a frase quer apenas distinguir a audiência coletiva do teatro dos visitantes individuais de uma exposição ou da simples soma de entradas no cinema. Mas está claro que significa mais. Significa que o "teatro" é uma forma comunitária exemplar. Implica uma ideia da comunidade como presença para si, oposta à distância da representação. Desde o romantismo alemão, a reflexão sobre o teatro passou a ser associada a essa ideia de coletividade viva. O teatro mostrou-se como uma forma da constituição estética – da constituição sensível – da coletividade. Entenda-se aí a comunidade como maneira de ocupar um lugar e um tempo, como o corpo em ato oposto ao simples aparato das leis, um conjunto de percepções, gestos e atitudes que precede e pré-forma as leis e instituições políticas. O teatro, mais que qualquer outra arte, foi associado à ideia romântica de revolução estética, não já no sentido de mudar a mecânica do Estado e das leis, mas sim as formas sensíveis da experiência humana. Reforma do teatro significava então restauração de sua natureza de assembleia ou de cerimônia da comunidade. O teatro é uma assembleia na qual as pessoas do povo tomam consciência de sua situação e discutem seus interesses, dizia Brecht após Piscator. Artaud afirma que ele é o ritual purificador em que uma coletividade se apossa de suas próprias energias. Se o teatro encarna assim a coletividade viva em oposição à ilusão da mimese, não é de surpreender que a vontade de reconduzir o teatro à sua essência possa respaldar-se na própria crítica do espetáculo.

Qual é a essência do espetáculo segundo Guy Debord? É a exterioridade. O espetáculo é o reino da visão, e a visão é exterioridade, ou seja, desapossamento de si. A doença do espectador pode resumir-se numa fórmula breve: "Quanto mais ele contempla, menos ele é."[2] A fórmula parece antiplatônica. Na verdade, os fundamentos teóricos da crítica do espetáculo são tomados, através de Marx, à crítica feuerbachiana da religião. O princípio de ambas as críticas está na visão romântica da verdade como não separação. Mas essa ideia, por sua vez, é dependente da concepção platônica de mimese. A "contemplação" que Debord denuncia é a contemplação da aparência separada de sua verdade, é o espetáculo de sofrimento produzido por essa separação. "A separação é o alfa e o ômega do espetáculo."[3] O que o homem contempla no espetáculo é a atividade que lhe foi subtraída, é sua própria essência, que se tornou estranha, voltada contra ele, organizadora de um mundo coletivo cuja realidade é a realidade desse desapossamento.

Não há, assim, contradição entre a crítica do espetáculo e a procura de um teatro reconduzido à sua essência original. O "bom" teatro é aquele que utiliza sua realidade separada para suprimi-la. O paradoxo do espectador pertence a esse dispositivo singular que retoma a favor do teatro os princípios da proibição platônica do teatro. Portanto, caberia hoje reexaminar esses princípios, ou melhor, a rede de pressupostos, o jogo de equivalências e oposições que sustenta sua possibilidade: equivalências entre público teatral e comunidade, entre olhar e passividade, exterioridade e separação, mediação e simulacro; oposições entre coletivo e individual, imagem e realidade viva, atividade e passividade, posse de si e alienação.

Esse jogo de equivalências e oposições compõe uma dramaturgia bastante tortuosa de culpa e redenção. O tea-

---
2. Guy Debord, *La Société du spectacle*, Gallimard, 1992, p. 16.
3. *Ibid.*, p. 25.

tro se acusa de tornar os espectadores passivos e de trair assim sua essência de ação comunitária. Por conseguinte, outorga-se a missão de inverter seus efeitos e expiar suas culpas, devolvendo aos espectadores a posse de sua consciência e de sua atividade. A cena e a performance teatrais tornam-se assim uma mediação evanescente entre o mal do espetáculo e a virtude do verdadeiro teatro. Elas se propõem ensinar a seus espectadores os meios de deixarem de ser espectadores e tornarem-se agentes de uma prática coletiva. Segundo o paradigma brechtiano, a mediação teatral os torna conscientes da situação social que lhe dá ensejo e desejosos de agir para transformá-la. Segundo a lógica de Artaud, ela os faz sair de sua posição de espectadores: em vez de ficarem em face de um espetáculo, são circundados pela performance, arrastados para o círculo da ação que lhes devolve a energia coletiva. Em ambos os casos, o teatro apresenta-se como uma mediação orientada para sua própria supressão.

É aqui que as descrições e as propostas de emancipação intelectual podem entrar em jogo e ajudar-nos a reformular o problema. Pois essa mediação autoevanescente não é algo desconhecido para nós. É a própria lógica da relação pedagógica: o papel atribuído ao mestre é o de eliminar a distância entre seu saber e a ignorância do ignorante. Suas lições e os exercícios que ele dá têm a finalidade de reduzir progressivamente o abismo que os separa. Infelizmente, ele só pode reduzir a distância com a condição de recriá-la incessantemente. Para substituir a ignorância pelo saber, ele deve sempre dar um passo à frente e repor entre si e o aluno uma ignorância nova. A razão disso é simples. Na lógica pedagógica, o ignorante não é apenas aquele que ainda ignora o que o mestre sabe. É aquele que não sabe o que ignora nem como o saber. O mestre, por sua vez, não é apenas aquele que tem o saber ignorado pelo ignorante. É também aquele que sabe como torná-lo objeto de saber, o momento de fazê-lo e que protocolo seguir para isso. Pois, na verdade, não há ignorante que já não saiba um monte de coisas, que não as tenha aprendido sozinho, olhando e ouvindo o que há ao seu redor, observando e repetindo, enganando-se e corrigindo seus erros. Mas, para o mestre, tal saber é apenas *saber de ignorante*, saber incapaz de organizar-se segundo a progressão que vai do mais simples ao mais complicado. O ignorante progride comparando o que descobre com o que já sabe, segundo o acaso dos encontros, mas também segundo a regra aritmética, a regra democrática que faz da ignorância um saber menor. Ele se preocupa apenas em saber mais, saber o que ainda ignorava. O que lhe falta, o que sempre faltará ao aluno (a menos que este também se torne mestre) é o *saber da ignorância*, o conhecimento da distância exata que separa o saber da ignorância. Essa medida escapa precisamente à aritmética dos ignorantes. O que o mestre sabe, o que o protocolo de transmissão do saber ensina em primeiro lugar ao aluno é que a ignorância não é um saber menor, é o oposto do saber; porque o saber não é um conjunto de conhecimentos, é uma posição. A exata distância é a distância que nenhuma régua mede, a distância que se comprova tão somente pelo jogo das posições ocupadas, que se exerce pela prática interminável do "passo à frente" que separa o mestre daquele que ele deve ensinar a alcançá-lo. Ela é a metáfora do abismo radical que separa a maneira do mestre da do ignorante, porque separa duas inteligências: a que sabe em que consiste a ignorância e a que não o sabe. Essa distância radical é o que o ensino progressivo e ordenado ensina ao aluno em primeiro lugar. Ensina-lhe primeiramente sua própria incapacidade. Assim, em seu ato ele comprova incessantemente seu próprio pressuposto, a desigualdade das inteligências. Essa comprovação interminável é o que Jacotot chama de embrutecimento.

    A essa prática de embrutecimento ele opunha a prática da emancipação intelectual. A emancipação intelectual é a comprovação da igualdade das inteligências. Esta não significa igual valor de todas as manifestações da inteligência, mas igualdade em si da inteligência em todas as suas manifestações. Não há dois tipos de inteligência separados por um abismo. O animal humano aprende todas as coisas como aprendeu a língua materna, como aprendeu a aventurar-se na floresta das coisas e dos signos que o cercam, a fim de assumir um lugar entre os seres humanos: observando e comparando uma coisa com outra, um signo com um fato, um signo com outro signo. Se o iletrado conhece apenas uma prece de cor, ele pode comparar esse saber com o que ainda ignora: as palavras dessa prece escritas no papel. Pode aprender, signo após signo, a relação entre o que ignora e o que sabe. Pode, desde que a cada passo observe o que está à sua frente, diga o que viu e comprove o que disse. Desse ignorante que soletra os signos ao intelectual que constrói hipóteses, o que está em ação é sempre a mesma inteligência, uma inteligência que traduz signos em outros signos e procede por comparações e figuras para comunicar suas aventuras intelectuais e compreender o que outra inteligência se esforça por comunicar-lhe.

Esse trabalho poético de tradução está no cerne de toda aprendizagem. Está no cerne da prática emancipadora do mestre ignorante. O que este ignora é a distância embrutecedora, a distância transformada em abismo radical que só um especialista pode "preencher". A distância não é um mal por abolir, é a condição normal de toda comunicação. Os animais humanos são animais distantes que se comunicam através da floresta de signos. A distância que o ignorante precisa transpor não é o abismo entre sua ignorância e o saber do mestre. É simplesmente o caminho que vai daquilo que ele já sabe àquilo que ele ainda ignora, mas pode aprender como aprendeu o resto, que pode aprender não para ocupar a posição do intelectual, mas para praticar melhor a arte de traduzir, de pôr suas experiências em palavras e suas palavras à prova, de traduzir suas aventuras intelectuais para uso dos outros e de contratraduzir as traduções que eles lhe apresentam de suas próprias aventuras. O mestre ignorante capaz de ajudá-lo a percorrer esse caminho é assim chamado não porque nada saiba, mas porque abdicou do "saber da ignorância" e assim dissociou sua qualidade de mestre de seu saber. Ele não ensina *seu* saber aos alunos, mas ordena-lhes que se aventurem na floresta das coisas e dos signos, que digam o que viram e o que pensam do que viram, que o comprovem e o façam comprovar. O que ele ignora é a desigualdade das inteligências. Toda distância é uma distância factual, e cada ato intelectual é um caminho traçado entre uma ignorância e um saber, um caminho que abole incessantemente, com suas fronteiras, a fixidez e a hierarquia das posições.

Que relação há entre essa história e a questão do espectador hoje? Já não estamos no tempo em que os dramaturgos queriam explicar a seu público a verdade das relações sociais e os meios de lutar contra a dominação capitalista. Mas as pessoas não perdem obrigatoriamente seus pressupostos com suas ilusões, nem o aparato dos meios com o horizonte dos fins. Até pode ocorrer, ao contrário, que a perda das ilusões leve os artistas a aumentar a pressão sobre os espectadores: talvez eles saibam o que é preciso fazer, desde que a performance os tire de sua atitude passiva e os transforme em participantes ativos de um mundo comum. Essa é a primeira convicção que os reformadores teatrais compartilham com os pedagogos embrutecedores: a do abismo que separa duas posições. Mesmo que não saibam o que querem que o espectador faça, o dramaturgo e o diretor de teatro sabem pelo menos uma coisa: sabem que ele deve fazer *uma coisa*, transpor o abismo que separa atividade de passividade.

Mas não seria possível inverter os termos do problema, perguntando se o que cria a distância não é justamente a vontade de eliminar a distância? O que permite declarar inativo o espectador que está sentado em seu lugar, senão a oposição radical, previamente suposta, entre ativo e passivo? Por que identificar olhar e passividade, senão pelo pressuposto de que olhar quer dizer comprazer-se com a imagem e com a aparência, ignorando a verdade que está por trás da imagem e a realidade fora do teatro? Por que assimilar escuta e passividade, senão em virtude do preconceito segundo o qual a palavra é o contrário da ação? Essas oposições – olhar/saber, aparência/realidade, atividade/passividade – são coisas bem diferentes das oposições lógicas entre termos bem definidos. Elas definem propriamente uma divisão do sensível, uma distribuição apriorística das posições e das capacidades e incapacidades vinculadas a essas posições. Elas são alegorias encarnadas da desigualdade. Por isso é possível mudar o valor dos termos, transformar o termo "bom" em ruim e vice-versa, sem mudar o funcionamento da própria oposição. Assim, desqualifica-se o espectador porque ele não faz nada, enquanto os atores em cena ou os trabalhadores lá fora põem seu corpo em ação. Mas a oposição entre ver e fazer se inverte tão logo à cegueira dos trabalhadores manuais e dos praticantes empíricos, mergulhados no imediato terra-a-terra, se oponha a ampla perspectiva daqueles que contemplam as ideias, preveem o futuro ou adquirem visão global de nosso mundo. Outrora eram chamados de cidadãos *ativos*, capazes de eleger e de ser eleitos, os proprietários que viviam de rendas, e de cidadãos *passivos*, indignos dessas funções, aqueles que trabalhavam para ganhar a vida. Os termos podem mudar de sentido, as posições podem ser trocadas, mas o essencial é a permanência da estrutura que opõe duas categorias: os que têm uma capacidade e os que não a têm.

A emancipação, por sua vez, começa quando se questiona a oposição entre olhar e agir, quando se compreende que as evidências que assim estruturam as relações do dizer, do ver e do fazer pertencem à estrutura da dominação e da sujeição. Começa quando se compreende que olhar é também uma ação que confirma ou transforma essa distribuição das posições. O espectador também age, tal como o aluno ou o intelectual. Ele observa, seleciona, compara, interpreta. Relaciona o que vê com muitas outras coisas que viu em outras cenas, em outros tipos de lugares. Compõe seu próprio poema com os elementos do poema que tem diante de si. Participa da performance refazendo-a à sua maneira, furtando-se, por exemplo, à energia vital que esta supostamente deve transmitir para transformá-la em pura imagem e associar essa pura imagem a uma história que leu ou sonhou, viveu ou inventou. Assim, são ao mesmo tempo espectadores distantes e intérpretes ativos do espetáculo que lhes é proposto.

Aí está um ponto essencial: os espectadores veem, sentem e compreendem algum coisa à medida que compõem seu próprio poema, como o fazem, à sua maneira, atores ou dramaturgos, diretores, dançarinos ou *performers*. Observemos apenas a mobilidade do olhar e das expressões dos espectadores de um drama religioso xiita tradicional que comemora a morte do imã Hussein, captados pela câmera de Abbas Kiarostami (*Tazieh*). O dramaturgo ou o diretor de teatro queria que os espectadores vissem isto e sentissem aquilo, que compreendessem tal coisa e que tirassem tal conclusão. É a lógica do pedagogo embrutecedor, a lógica da transmissão direta e fiel: há alguma coisa, um saber, uma capacidade, uma energia que está de um lado – num corpo ou numa mente – e deve passar para o outro. O que o aluno deve *aprender* é aquilo que o mestre o *faz aprender*. O que o espectador *deve ver* é aquilo que o diretor o *faz ver*. O que aquele deve sentir é a energia que este lhe comunica. A essa identidade de causa e efeito, que está no cerne da lógica embrutecedora, a emancipação opõe sua dissociação. É o sentido do paradoxo do mestre ignorante: o aluno aprende do mestre algo que o mestre não sabe. Aprende como efeito da habilidade que o obriga a buscar e comprova essa busca. Mas não aprende o saber do mestre.

Dir-se-á que o artista, ao contrário, não quer instruir o espectador. Hoje ele se defende de usar a cena para impor uma lição ou transmitir uma mensagem. Quer apenas produzir uma forma de consciência, uma intensidade de sentimento, uma energia para a ação. Mas supõe sempre que o que será percebido, sentido, compreendido é o que ele pôs em sua dramaturgia ou sua performance. Pressupõe sempre a identidade entre causa e efeito. Essa igualdade suposta entre a causa e o efeito baseia-se num princípio desigualitário: baseia-se no privilégio que o mestre se outorga, no conhecimento da "boa" distância e do meio de eliminá-la. Mas isso é confundir duas distâncias bem diferentes. Existe a distância entre o artista e o espectador, mas existe também a distância inerente à própria performance, uma vez que, como espetáculo, ela se mantém como coisa autônoma, entre a ideia do artista e a sensação ou a compreensão do espectador. Na lógica da emancipação há sempre entre o mestre ignorante e o aprendiz emancipado uma terceira coisa – um livro ou qualquer outro escrito – estranha a ambos e à qual eles podem recorrer para comprovar juntos o que o aluno viu, o que disse e o que pensa a respeito. O mesmo ocorre com a performance. Ela não é a transmissão do saber ou do sopro do artista ao espectador. É essa terceira coisa de que nenhum deles é proprietário, cujo sentido nenhum deles possui, que se mantém entre eles, afastando qualquer transmissão fiel, qualquer identidade entre causa e efeito.

Essa ideia de emancipação opõe-se assim claramente à ideia na qual a política do teatro e de sua reforma se apoiou com frequência: a emancipação como reapropriação de uma relação do ser humano consigo mesmo, relação perdida num processo de separação. É essa ideia da separação e de sua abolição que liga a crítica debordiana do espetáculo à crítica feuerbachiana da religião através da crítica marxista da alienação. Nessa lógica, a mediação de um terceiro termo só pode ser ilusão fatal de autonomia, presa na lógica do desapossamento e de sua dissimulação. A separação entre palco e plateia é um estado que deve ser superado. É objetivo da performance eliminar essa exterioridade, de diversas maneiras: pondo os espectadores no palco e os *performers* na plateia, abolindo a diferença entre ambos, deslocando a performance para outros lugares, identificando-a com a tomada de posse da rua, da cidade ou da vida. E sem dúvida esse esforço de subverter a distribuição dos lugares produziu muitos enriquecimentos da performance teatral. Mas uma coisa é a redistribuição dos lugares, outra é a exigência de que o teatro adote como finalidade a reunião de uma comunidade que ponha fim à separação do espetáculo. A primeira implica a invenção de novas aventuras intelectuais; a segunda, uma nova forma de dar aos corpos seu lugar correto, no caso seu lugar comungatório.

Pois a recusa à mediação, a recusa ao terceiro é a afirmação de uma essência comunitária do teatro como tal. Quanto menos o dramaturgo sabe o que quer que a coletividade dos espectadores faça, mais sabe que estes devem agir como coletividade, transformar sua agregação em comunidade. No entanto, já estaria na hora de indagar sobre essa ideia de que o teatro é por si mesmo um lugar comunitário. Visto que corpos vivos em cena se dirigem a corpos reunidos no mesmo lugar, isso pareceria suficiente para fazer do teatro o vetor de um sentido de comunidade, radicalmente diferente da situação de indivíduos sentados diante de uma tevê ou de espectadores de cinema sentados diante de sombras projetadas. Curiosamente, a generalização do uso de imagens e de todos os tipos de projeção nas montagens teatrais não parece mudar em nada essa crença. Imagens projetadas podem somar-se aos corpos vivos ou substituí-los. Mas, durante todo o tempo em que espectadores ficam reunidos no espaço teatral, age-se como se a essência viva e comunitária do teatro estivesse preservada e como se fosse possível evitar a pergunta: o que ocorre exatamente entre os espectadores de um teatro que não poderia ocorrer em outro lugar? O que haverá de mais interativo e comunitário nesses espectadores do que numa multiplicidade de indivíduos assistindo na mesma hora ao mesmo show televisionado?

Esse algo, acredito, é apenas a pressuposição de que o teatro é comunitário por si mesmo. Essa pressuposição continua a preceder a performance teatral e a antecipar seus efeitos. Mas num teatro, diante duma performance, assim como num museu, numa escola ou numa rua, sempre há indivíduos a traçarem seu próprio caminho na floresta das coisas, dos atos e dos signos que estão diante deles ou os cercam. O poder comum aos espectadores não decorre de sua qualidade de membros de um corpo coletivo ou de alguma forma específica de interatividade. É o poder que cada um tem de traduzir à sua maneira o que percebe, de relacionar isso com a aventura intelectual singular que o torna semelhante a qualquer outro, à medida que essa aventura não se assemelha a nenhuma outra. Esse poder comum da igualdade das inteligências liga indivíduos, faz que eles intercambiem suas aventuras intelectuais, à medida que os mantém separados uns dos outros, igualmente capazes de utilizar o poder de todos para traçar seu caminho próprio. O que nossas performances comprovam – quer se trate de ensinar ou de brincar, de falar, de escrever, de fazer arte ou de contemplá-la – não é nossa participação num poder encarnado na comunidade. É a capacidade dos anônimos, a capacidade que torna cada um igual a qualquer outro. Essa capacidade é exercida através de distâncias irredutíveis, é exercida por um jogo imprevisível de associações e dissociações.

É nesse poder de associar e dissociar que reside a emancipação do espectador, ou seja, a emancipação de cada um de nós como espectador. Ser espectador não é a condição passiva que deveríamos converter em atividade. É nossa situação normal. Aprendemos e ensinamos, agimos e conhecemos também como espectadores que relacionam a todo instante o que veem ao que viram e disseram, fizeram e sonharam. Não há forma privilegiada como não há ponto de partida privilegiado. Há sempre pontos de partida, cruzamentos e nós que nos permitem aprender algo novo caso recusemos, em primeiro lugar, a distância radical; em segundo, a distribuição dos papéis; em terceiro, as fronteiras entre os territórios. Não temos de transformar os espectadores em atores e os ignorantes em intelectuais. Temos de reconhecer o saber em ação no ignorante e a atividade própria ao espectador. Todo espectador é já ator de sua história; todo ator, todo homem de ação, espectador da mesma história.

Gostaria de exemplificar esse aspecto com uma pequena digressão por minha própria experiência política e intelectual. Pertenço a uma geração que ficou dividida entre duas exigências opostas. Segundo uma delas, os que tinham entendimento do sistema social deviam ensiná-lo aos que eram vitimados por esse sistema, a fim de armá-los para a luta; segundo a outra, os supostos intelectuais na verdade eram ignorantes que nada sabiam do significado da exploração e da rebelião e deviam aprender com os mesmos trabalhadores que eles tratavam de ignorantes. Para atender a essas duas exigências, primeiramente eu quis encontrar a verdade do marxismo para armar um novo movimento revolucionário, depois aprender com aqueles que trabalhavam e lutavam nas fábricas o sentido da exploração e da rebelião. Para mim e para a minha geração nenhuma dessas duas tentativas foi plenamente convincente. Esse estado de fato me levou a buscar na história do movimento operário a razão dos encontros ambíguos ou frustrados entre os operários e aqueles intelectuais que tinham ido visitá-los para instruí-los ou serem instruídos por eles. Assim, foi-me possível compreender que a questão não estava entre ignorância e saber, nem entre atividade e passividade, individualidade e comunidade. Num dia de maio em que eu consultava a correspondência de dois operários nos anos 1830 em busca de informações sobre a condição e as formas de consciência dos trabalhadores daquele tempo, tive a surpresa de encontrar coisa bem diferente: as aventuras de outros dois visitantes em outros dias de maio, cento e quarenta e cinco anos antes. Um dos dois operários tinha acabado de entrar na comunidade saint-simoniana em Ménilmontant e contava ao amigo o modo como empregava o tempo de seus dias na utopia: trabalhos e exercícios durante o dia, jogos, coros e narrativas à noite. Seu correspondente, em contrapartida, lhe relatava o passeio no campo que fizera com dois companheiros para aproveitar um domingo de primavera. Mas o que ele contava não se parecia em nada com o dia de repouso do trabalhador que restaura as forças físicas e mentais para o trabalho da semana entrante. Era uma intrusão em outra espécie totalmente diferente de lazer: o lazer de estetas que fruem formas, luzes e sombras da paisagem, de filósofos que se instalam numa hospedaria campestre para desenvolver hipóteses metafísicas e de apóstolos que se empenham em comunicar sua fé a todos os companheiros que encontram por acaso no caminho ou na hospedaria[4].

Aqueles trabalhadores, que deveriam dar-me informações sobre as condições do trabalho e as formas de consciência de classe, davam-me outra coisa: a sensação de semelhança, a demonstração de igualdade. Eles também eram espectadores e visitantes dentro de sua própria classe. Sua

---

4. Cf. Gabriel Gauny, *Le Philosophe plébéien*, Presses Universitaires de Vincennes, 1985, pp. 147-58.

atividade de propagandistas não podia separar-se de seu ócio de passeadores e de contempladores. A simples crônica de seu lazer obrigava a reformular as relações estabelecidas entre *ver, fazer* e *falar.* Ao se tornarem espectadores e visitantes, eles subvertiam a divisão do sensível segundo a qual os que trabalham não têm tempo de deixar que seus passos e olhares errem ao acaso, e os membros de um corpo coletivo não têm tempo para dedicar às formas e às marcas da individualidade.

Isso significa a palavra emancipação: o embaralhamento da fronteira entre os que agem e os que olham, entre indivíduos e membros de um corpo coletivo. O que aquelas jornadas traziam aos dois correspondentes e a seus semelhantes não era o saber de sua condição e a energia para o trabalho do dia seguinte e a luta por vir. Era a reconfiguração aqui e agora da divisão entre espaço e tempo, trabalho e lazer.

Compreender essa ruptura realizada no próprio coração do tempo era desenvolver as implicações de uma semelhança e de uma igualdade, em vez de exercer seu domínio na tarefa interminável de reduzir a distância irredutível. Aqueles dois trabalhadores também eram intelectuais, como qualquer um. Eram visitantes e espectadores, como o pesquisador que, um século e meio depois, lia as cartas deles numa biblioteca, como os visitantes da teoria marxista ou os distribuidores de panfletos nas portas das fábricas. Não havia nenhuma distância por preencher entre intelectuais e operários, tanto quanto entre atores e espectadores. Ele tirava algumas conclusões quanto ao discurso apropriado a dar conta dessa experiência. Contar a história de seus dias e noites obrigava a embaralhar outras fronteiras. Aquela história que falava do tempo, de sua perda e de sua recuperação só ganhava sentido e alcance ao ser posta em relação com uma história similar, enunciada alhures, em outro tempo e num outro gênero de escrito, no livro II da *República*, em que Platão, antes de atacar as sombras mentirosas do teatro, explicava que numa comunidade bem organizada cada um deve fazer uma única coisa, e que os artesãos não têm tempo de estar em outro lugar que não o seu lugar de trabalho e de fazer outra coisa que não o trabalho conveniente às (in)capacidades que lhes foram outorgadas pela natureza.

Para entender a história daqueles dois visitantes, portanto, era preciso embaralhar as fronteiras entre a história empírica e a filosofia pura, as fronteiras entre as disciplinas e as hierarquias entre os níveis de discurso. Não havia, de um lado, a narrativa dos fatos e, do outro, a explicação filosófica ou científica para descobrir a razão da história ou a verdade oculta por trás dela. Não havia fatos e sua interpretação. Havia duas maneiras de contar uma história. E o que me cabia fazer era uma obra de tradução, mostrando como aquelas narrativas de domingos primaveris e os diálogos do filósofo se traduziam mutuamente. Era preciso inventar o idioma próprio àquela tradução e àquela contratradução, com o risco de que esse idioma fosse ininteligível a todos os que perguntassem o sentido daquela história, a realidade que a explicava e a lição que ela dava para a ação. Esse idioma, de fato, só podia ser lido por aqueles que o traduzissem a partir de sua própria aventura intelectual.

Essa digressão biográfica me traz de volta ao cerne de meu texto. Essas histórias de fronteiras por transpor e da distribuição dos papéis por subverter confluem para a atualidade da arte contemporânea, na qual todas as competências artísticas específicas tendem a sair de seu domínio próprio e a trocar seus lugares e poderes. Hoje temos teatro mudo e dança falada; instalações e performances à guisa de obras plásticas; projeções de vídeo transformadas em ciclos de afrescos; fotografias tratadas como quadros vivos ou cenas históricas pintadas; escultura metamorfoseada em show multimídia, além de outras combinações. Ora, existem três maneiras de compreender e praticar essa mistura de gêneros. Existe aquela que reatualiza a forma da obra de arte total. Supunha-se que esta seria a apoteose da arte convertida em vida. Hoje, tende mais a pertencer a alguns egos artísticos superdimensionados ou a uma forma de hiperativismo consumista, quando não ambas ao mesmo tempo. Existe também ideia de hibridação dos meios da arte, própria à realidade pós-moderna de troca incessante de papéis e identidades, de real e virtual, do orgânico e das próteses mecânicas e informáticas. Esta segunda ideia pouco se distingue da primeira em suas consequências. Ela frequentemente leva a outra forma de embrutecimento, que se vale do embaralhamento das fronteiras e da confusão dos papéis para aumentar o efeito da performance sem questionar seus princípios.

Resta uma terceira maneira que não visa à amplificação dos efeitos, mas a pôr em causa a própria relação causa-efeito e o jogo dos pressupostos que sustenta a lógica do embrutecimento. Diante do hiperteatro, que quer transformar a representação em presença e a passividade em atividade, ela propõe, inversamente, revogar o privilégio de vitalidade e de poder comunitário concedido à cena teatral para colocá-la em pé de igualdade com a narração de uma história, a leitura de um livro ou o olhar posto sobre uma imagem. Ela propõe, em suma, concebê-la como uma nova cena da igualdade, em que performances heterogêneas se traduzem umas nas outras. Pois em todas essas performances busca-se unir o que se sabe ao que se ignora, ser ao mesmo tempo *performers* a exibirem suas competências e espectadores a observarem o que essas competências podem produzir num contexto novo, junto a outros espectadores. Os artistas, assim como os pesquisadores, constroem a cena em que a manifestação e o efeito de suas competências são expostos, tornados incertos nos termos do idioma novo que traduz uma nova aventura intelectual. O efeito do idioma não pode ser antecipado. Ele exige espectadores que desempenhem o papel de intérpretes ativos, que elaborem sua própria tradução para apropriar-se da "história" e fazer dela sua própria história. Uma comunidade emancipada é uma comunidade de narradores e tradutores.

Estou consciente de que é possível dizer sobre tudo isso: palavras, ainda e apenas palavras. Não o entenderei como insulto. Já ouvimos tantos oradores impingir suas palavras como mais que palavras, como fórmula de entrada numa vida nova; vimos tantas representações teatrais que pretendiam não ser espetáculos, e sim cerimônias comunitárias; e mesmo hoje, a despeito de todo o ceticismo "pós-moderno" em relação ao desejo de mudar a vida, vemos tantas instalações e espetáculos transformados em mistérios religiosos, que não é necessariamente escandaloso ouvir dizer que palavras são apenas palavras. Dispensar as fantasias do verbo feito carne e do espectador tornado ativo, saber que as palavras são apenas palavras e os espetáculos apenas espetáculos pode ajudar-nos a compreender melhor como as palavras e as imagens, as histórias e as performances podem mudar alguma coisa no mundo em que vivemos.

# Desventuras do pensamento crítico

Certamente não sou o primeiro a questionar a tradição da crítica social e cultural na qual minha geração cresceu. Muitos autores declararam que seu tempo passou: há não muito tempo ainda era possível divertir-se denunciando a sombria e sólida realidade escondida por trás do brilho das aparências. Mas hoje já não haveria realidade sólida para opor ao reino das aparências nem avesso sombrio para opor ao triunfo da sociedade de consumo. É bom dizer logo de saída: não é a esse discurso que pretendo emprestar minha voz. Gostaria de mostrar, ao contrário, que os conceitos e procedimentos da tradição crítica não são de modo algum obsoletos. Funcionam ainda muito bem, até no discurso daqueles que declaram sua superação. Mas seu uso atual demonstra a completa inversão de sua orientação e de seus supostos fins. Precisamos, portanto, levar em conta a persistência de um modelo de interpretação e a inversão de seu sentido, se quisermos empreender uma verdadeira crítica da crítica.

Para tanto, examinarei algumas manifestações contemporâneas que, nos domínios da arte, da política e da teoria, exemplificam a inversão dos modos de descrição e demonstração próprios à tradição crítica. Partirei do campo em que essa tradição ainda hoje é a mais viva, o campo da arte e, sobretudo, das grandes exposições internacionais nas quais a apresentação das obras prefere inscrever-se no âmbito de uma reflexão global sobre o estado do mundo. Assim, em 2006, o comissário da Bienal de Sevilha, Kozui Enwezor, destinara a referida manifestação a desmascarar, no momento da globalização, "o maquinário que dizima e arruína os elos sociais, econômicos e políticos"[5]. No primeiro plano das máquinas devastadoras estava, claro, a máquina de guerra americana, e entrava-se na exposição por salas dedicadas às guerras do Afeganistão e do Iraque. Ao lado de imagens da guerra civil no Iraque, era possível ver fotografias das manifestações antiguerra feitas por uma artista alemã domiciliada em Nova York, Josephine Meckseper. Uma daquelas fotos chamava a atenção: via-se ao fundo um grupo de ma-

Josephine Meckseper,
*Sem título*, 2005.

---

5. O título exato da manifestação era: The Unhomely. Phantomal Scenes in the global World.

nifestantes portando cartazes. O primeiro plano, por sua vez, era ocupado por uma lata de lixo cujo conteúdo transbordava e espalhava-se pelo chão. A foto era simplesmente intitulada "Sem título", o que, naquele contexto, parecia querer dizer: não é preciso título, a imagem fala por si mesma.

Podemos compreender o que a imagem dizia aproximando a tensão entre os cartazes políticos e a lata de lixo de uma forma artística particularmente representativa da tradição crítica em arte, a da colagem. A fotografia da manifestação não é uma colagem no sentido técnico do termo, mas seu efeito se vale dos elementos que ensejaram o sucesso artístico e político da colagem e da fotomontagem: o choque numa mesma superfície entre elementos heterogêneos, quando não conflituosos. No tempo do surrealismo, esse procedimento serviu para manifestar, sob o prosaísmo da cotidianidade burguesa, a realidade reprimida do desejo e do sonho. O marxismo depois a adotou para tornar perceptível, por meio do encontro incongruente de elementos heterogêneos, a violência da dominação de classe, oculta sob as aparências do cotidiano ordinário e da paz democrática. Esse foi o princípio da estranheza brechtiana. Nos anos 1970, foi também o das fotomontagens realizadas por uma artista americana engajada, Martha Rosler, em sua série intitulada *Bringing the War Home*, que sobre imagens de felizes lares americanos colava imagens da guerra do Vietnã. Assim, uma montagem intitulada *Balloons* mostra, sobre o fundo de uma ampla casa de campo, com balões infláveis a um canto, um vietnamita que tinha nos braços uma criança morta pelas balas do exército americano. A conexão das duas imagens devia produzir dois efeitos: a consciência do sistema de dominação que ligava a felicidade doméstica americana à violência da guerra imperialista, mas também um sentimento de cumplicidade culpada com aquele sistema. Por um lado, a imagem dizia: eis a realidade oculta que vocês não sabem ver, vocês precisam tomar conhecimento dela e agir de acordo com esse conhecimento. Mas não há evidências de que o conhecimento de uma situação provoque o desejo de mudá-la. É por isso que a imagem dizia

Martha Rosler, *Balloons*, 1967-72. Fotomontagem da série "Bringing the War Home: House Beautiful". © Martha Rosler.

outra coisa. Ela dizia: eis a realidade óbvia que vocês não querem ver, porque vocês sabem que são responsáveis por ela. O dispositivo crítico visava assim a um efeito duplo: a tomada de consciência da realidade oculta e o sentimento de culpa em relação à realidade negada.

A foto dos manifestantes e da lata de lixo põe em jogo os mesmos elementos que aquelas fotomontagens: a guerra distante e o consumo doméstico. Josephine Meckseper é tão hostil à guerra de George Bush quanto Martha Rosler à de Nixon. Mas o jogo dos contrários na fotografia funciona de maneira diferente: não liga o superconsumo americano à guerra distante para reforçar as energias militantes hostis à guerra. Faz mais é lançar esse superconsumo ao rosto dos manifestantes que pretendem novamente trazer a guerra para casa. As fotomontagens de Martha Rosler acentuavam a heterogeneidade dos elementos: a imagem da criança morta não podia integrar-se no belo interior doméstico sem causar sua explosão. Ao contrário, a fotografia dos manifestantes com a lata de lixo ressalta a homogeneidade fundamental deles. As latinhas de cerveja que transbordam da lata de lixo certamente foram ali jogadas pelos manifestantes. A fotografia sugere então que a marcha deles é uma marcha de consumidores de imagens e indignações espetaculares. Essa maneira de ler a imagem está em harmonia com as instalações que celebrizaram Josephine Meckseper. Essas instalações, visíveis hoje em muitas exposições, são pequenas vitrines semelhantes a vitrines comerciais ou publicitárias, nas quais, tal como nas fotomontagens de antigamente, ela reúne elementos supostamente pertencentes a universos heterogêneos: por exemplo, numa instalação intitulada "Vende-se", no meio de artigos de moda masculina há um livro sobre a história de um grupo de guerrilheiros urbanos ingleses que, justamente, quis levar a guerra às metrópoles imperialistas; em outra, um manequim de lingerie feminina ao lado de um cartaz de propaganda comunista, ou o *slogan* de maio de 68 "Não trabalhe nunca" sobre frascos de perfume. Essas coisas aparentemente se contradizem, mas o objetivo é mostrar que pertencem à mesma realidade, que o radicalismo político também é um fenômeno de moda jovem. É isso o que a fotografia dos manifestantes demonstraria a seu modo: eles protestam contra a guerra travada pelo império do consumo que solta suas bombas sobre as cidades do Oriente Médio. Mas essas bombas são uma resposta à destruição das torres que, por sua vez, fora posta em cena como o espetáculo da derrocada do império da mercadoria e do espetáculo. A imagem parece dizer então: esses manifestantes estão aí porque consumiram as imagens da queda das torres e dos bombardeios no Iraque. E é também um espetáculo que eles dão nas ruas. Em última instância, terrorismo e consumo, protesto e espetáculo são reduzidos a um único e mesmo processo governado pela lei mercantil da equivalência.

Mas, levada ao extremo, essa demonstração visual deveria conduzir à abolição do procedimento crítico: se tudo não passa de exibição espetacular, a oposição entre aparência e realidade que fundamentava a eficácia do discurso crítico cai por terra; e, com ela, toda e qualquer culpa em relação aos seres situados do lado da realidade obscura ou negada. Nesse caso, o dispositivo crítico mostraria simplesmente sua própria superação. Mas não se trata disso. As pequenas vitrines que misturam propaganda revolucionária e moda jovem dão prosseguimento à lógica dupla da intervenção militante de ontem. Dizem também: eis a realidade que vocês não sabem ver, o reino sem limite da exposição comercial, o horror niilista do modo de vida pequeno-burguês de hoje; mas também: eis a realidade que vocês não querem ver, a participação de seus pretensos gestos de revolta nesse processo de exibição de signos de distinção governado pela exibição comercial. Portanto, o artista crítico sempre se propõe produzir o curto-circuito e o choque que revelam o segredo ocultado pela exibição das imagens. Em Martha Rosler, o choque devia revelar a violência imperialista por trás da exposição feliz dos bens e das imagens. Em Josephine Meckseper, a exibição das imagens mostra-se idêntica à estrutura de uma realidade em que tudo é exposto no modo da exposição comercial. Mas o objetivo é sempre mostrar ao espectador o que ele não sabe ver e envergonhá-lo porque ele não quer ver, com o risco de o próprio dispositivo crítico se apresentar como uma mercadoria de luxo pertencente à lógica que ele denuncia.

Há então de fato uma dialética inerente à denúncia do paradigma crítico: esta declara a sua obsolescência com o único fim de reproduzir seu mecanismo, com o risco de transformar a ignorância da realidade ou a negação da miséria em ignorância do fato de que realidade e miséria desapareceram, de transformar o desejo de ignorar o que torna culpado em desejo de ignorar que não há nada de que se sentir culpado. Esse é, substancialmente, o argumento defendido já não por um artista, mas por um filósofo, Peter Sloterdijk, em seu livro *Écumes* [*Espumas*]. Conforme sua descrição, o processo da modernidade é um processo de antigravitação. O termo refere-se em primeiro lugar, está claro, às invenções técnicas que possibilitaram a conquista do espaço e às que puseram as tecnologias da comunicação e da realidade virtual no lugar do sólido mundo industrial. Mas também expressa a ideia de que a vida teria perdido muito de sua gravidade de outrora, entendendo com isso sua carga de sofrimento, aspereza e miséria, e com ela seu peso de realidade. Por esse motivo, os procedimentos tradicionais do pensamento crítico baseados nas "definições da realidade formuladas pela ontologia da pobreza" já não teriam razão de ser. Se subsistem, segundo Sloterdijk, é porque a crença na solidez da realidade e o sentimento de culpa em relação à miséria sobrevivem à perda de seu objeto. Sobrevivem na modalidade de ilusão necessária. Marx via os homens projetar no céu da religião e da ideologia a imagem invertida de sua miséria real. Nossos contemporâneos, segundo Sloterdijk, fazem o contrário: projetam na ficção de uma realidade sólida a imagem invertida desse processo generalizado de perda de peso: "Qualquer que seja a ideia expressa no espaço público, é a mentira da miséria que redige o texto. Todos os discursos são submetidos à lei que consiste em retraduzir no jargão da miséria o luxo que subiu ao poder."[6] O embaraço culpado que se sente diante do desaparecimento do peso e da miséria se expressaria inversamente na retomada do velho discurso miserabilista e vitimizante.

Essa análise convida a libertar-nos das formas e do conteúdo da tradição crítica. Mas só o faz à custa de reproduzir sua lógica. Diz, mais uma vez, que somos vítimas de uma estrutura global de ilusão, vítimas de nossa ignorância e de nossa resistência diante de um processo global irresistível de desenvolvimento das forças produtivas: o processo de desmaterialização da riqueza que tem como consequência a perda das crenças e dos ideais antigos. Reconhecemos facilmente na argumentação a indestrutível lógica do *Manifesto Comunista*. Não por acaso o pretenso pós-modernismo precisou tomar-lhe de empréstimo sua fórmula canônica: "Tudo o que é sólido se esfuma no ar." Tudo se tornaria fluido, líquido, gasoso e restaria rir dos ideólogos que ainda acreditam na realidade da realidade, da miséria e das guerras.

---

6. Peter Sloterdijk, *Écumes*, trad. fr. Olivier Mannoni, Paris, Maren Sell, 2005, p. 605.

Por mais provocadoras que pretendam ser, essas teses continuam fechadas na lógica da tradição crítica. Permanecem fiéis à tese do processo histórico inelutável e de seu efeito necessário: o mecanismo de inversão que transforma a realidade em ilusão ou a ilusão em realidade, a pobreza em riqueza ou a riqueza em pobreza. Continuam denunciando a incapacidade de conhecer e o desejo de ignorar. E cravam sempre a culpa no coração da negação. Essa crítica da tradição crítica, portanto, ainda emprega seus conceitos e seus procedimentos. Mas alguma coisa, é verdade, mudou. Ainda ontem esses procedimentos se propunham suscitar formas de consciência e energias voltadas para um processo de emancipação. Agora elas estão ou inteiramente desconectadas desse horizonte de emancipação, ou claramente voltadas contra seu sonho.

É esse o contexto ilustrado pela fábula dos manifestantes e da lata de lixo. Sem dúvida a fotografia não exprime nenhuma censura aos manifestantes. Afinal, já na década de 1960, Godard ironizava os "filhos de Marx e da Coca-Cola". Apesar disso, marchava com eles, porque, quando eles marchavam contra a guerra do Vietnã, os filhos da era da Coca-Cola combatiam ou, em todo caso, achavam que combatiam com os filhos de Marx. O que mudou em quarenta anos não foi o desaparecimento de Marx, absorvido pela Coca-Cola. Ele não desapareceu. Mudou de lugar. Agora está alojado no coração do sistema como sua voz ventríloqua. Tornou-se o fantasma infame ou o pai infame que testemunha a infâmia comum dos filhos de Marx e da Coca-Cola. Gramsci já caracterizara a revolução soviética como revolução contra *O capital*, contra o livro de Marx que se tornara a Bíblia do cientificismo burguês. Seria possível dizer o mesmo do marxismo em cujo seio minha geração cresceu: o marxismo da denúncia das mitologias da mercadoria, das ilusões da sociedade de consumo e do império do espetáculo. Há quarenta anos, esperava-se que ele denunciasse o maquinário da dominação social para dar armas novas aos que o enfrentavam. Hoje, tornou-se um saber desencantado do reino da mercadoria e do espetáculo, da equivalência de qualquer coisa com qualquer outra e de qualquer coisa com sua própria imagem. Essa sabedoria pós-marxista e pós-situacionista não se limita a apresentar uma pintura fantasmagórica de uma humanidade inteiramente enterrada debaixo dos dejetos de seu consumo frenético. Também pinta a lei da dominação como uma força que se apodera de tudo o que pretenda contestá-la. Transforma todo e qualquer protesto em espetáculo e todo espetáculo em mercadoria. Faz dele a expressão de uma vaidade, mas também a demonstração de uma culpa. A voz do fantasma ventríloquo diz que somos duas vezes culpados, culpados por duas razões opostas: porque ainda nos apegamos aos velhos caprichos de realidade e culpa, fingindo ignorar que não há mais nada com que se sentir culpado, mas também porque, com nosso próprio consumo de mercadorias, espetáculos e protestos, contribuímos para o reinado infame da equivalência comercial. Essa dupla culpa implica uma redistribuição notável das posições políticas: de um lado, a velha denúncia esquerdista do império da mercadoria e das imagens tornou-se uma forma de aquiescência irônica ou melancólica a esse inevitável império; por outro, as energias militantes voltaram-se para a direita, onde alimentam uma nova crítica da mercadoria e do espetáculo cujos malefícios são requalificados como crimes dos indivíduos democráticos.

Por um lado, portanto, há a ironia ou a melancolia de esquerda. Esta nos insta a confessar que todos os nossos desejos de subversão obedecem também à lei de mercado e que só nos comprazemos com o novo jogo disponível no mercado global, o da experimentação ilimitada de nossa própria vida. Mostra-nos absorvidos no ventre do monstro onde mesmo as nossas capacidades de prática autônoma e subversiva e as redes de interação que poderíamos utilizar contra ela servem ao novo poder da besta, o da produção imaterial. A besta, dizem, impõe seu império sobre os desejos e as capacidades de seus inimigos potenciais, oferecendo-lhes pelo melhor preço a mais apreciada das mercadorias, a capacidade de experimentar a vida como um solo de possibilidades infinitas. Assim, oferece a cada um o que este pode desejar: *reality shows* para os cretinos e maiores possibilidades de autovalorização para os espertos. Essa, segundo nos diz o discurso melancólico, é a armadilha na qual caíram os que acreditavam em derrubar o poder capitalista e deram-lhe, ao contrário, meios de rejuvenescer alimentando-se das energias contestadoras. Esse discurso encontrou alento no *Le Nouvel Esprit du capitalisme* [*O novo espírito do capitalismo*] de Luc Boltanski e Eve Chiapello*. Segundo esses sociólogos, as palavras de ordem das revoltas da década de 1960 e, sobretudo, do movimento estudantil de maio de 68 teriam fornecido meios de regeneração ao capitalismo em dificuldades depois da crise do petróleo em 1973. Maio de 68, realmente, teria avançado os temas da "crítica estética" ao capitalismo – protesto contra um mundo desencantado, reivindicações de autenticidade, criatividade e autonomia – em oposição à sua crítica "social", própria do movimento operário: crítica às desigualdades e à miséria e denúncia do egoísmo destruidor dos elos comunitários. Esses temas teriam sido integrados pelo capitalismo contemporâneo, oferecendo a tais desejos de autonomia e criatividade autêntica uma "flexibilidade" nova, um enquadramento flexível, estruturas leves e inovadoras, o apelo à iniciativa individual e à "cidade por projetos".

A tese é em si mesma bem pouco sólida. É grande a distância entre os discursos para seminários de executivos, que lhe servem de base, e a realidade das formas contemporâneas de dominação do capitalismo, em que "flexibilidade" do trabalho significa bem mais adaptação forçada a formas de produtividade aumentadas sob ameaça de demissões, fechamentos e relocações do que apelo à criatividade generalizada dos filhos de maio de 68. De qualquer modo, a preocupação com a criatividade no trabalho estava bem longe das palavras de ordem do movimento de 1968, que, inversamente, foi contrário ao tema da "participação" e ao convite feito à juventude instruída e generosa de participar de um capitalismo modernizado e humanizado, que estava no cerne da ideologia neocapitalista e do reformismo estatal dos anos

---

* Trad. bras., Ivone C. Benedetti, WMF Martins Fontes, 2009. [N. da T.]

1960. A oposição entre crítica estética e crítica social não se baseia em nenhuma análise das formas históricas de contestação. Limita-se, em conformidade com a lição de Bourdieu, a atribuir aos operários a luta contra a miséria e em prol dos elos comunitários, e aos filhos transitoriamente rebeldes da grande ou pequena burguesia o desejo individualista de criatividade autônoma. Mas a luta coletiva pela emancipação operária nunca se afastou da nova experiência de vida e de capacidade individuais, conquistadas sobre a coerção dos antigos elos comunitários. A emancipação social foi ao mesmo tempo emancipação estética, ruptura com as maneiras de sentir, ver e dizer que caracterizavam a identidade operária na ordem hierárquica antiga. Essa solidariedade entre social e estético, entre descoberta da individualidade para todos e projeto de coletividade livre constituiu o cerne da emancipação operária. Mas significou, simultaneamente, a desordem das classes e das identidades que a visão sociológica do mundo constantemente recusou, contra a qual ela mesma se construiu no século XIX. É bem natural que a tenha reencontrado nas manifestações e nas palavras de ordem de 1968 e é compreensível que tenha ficado preocupada em acabar com a perturbação que ela trouxe à boa repartição das classes, de suas maneiras de ser e de suas formas de ação.

Portanto, não foi a novidade nem a força da tese que pôde seduzir, mas o modo como ela põe de novo em funcionamento o tema "crítico" da ilusão conivente. Assim, ela dava alento à versão melancólica do esquerdismo, que se alimentava da denúncia do poder da besta e das ilusões dos que a servem acreditando combatê-la. É verdade que a tese da cooptação das revoltas "estéticas" abre para várias conclusões: ela esteia então a proposta de um radicalismo que seria finalmente radical: a defecção em massa das forças do Intelecto geral hoje absorvidas pelo Capital e pelo Estado, preconizada por Paolo Virno, ou a subversão virtual oposta ao capitalismo virtual por Brian Holmes[7]. Também alimenta

---

7. Ver Paolo Virno, *Miracle, virtuosité et "déjà-vu"*. *Trois essais sur l'idée de "monde"*, Éditions de l'Éclat, 1996, et Brian Holmes, "The Flexible Personality. For a New Cultural Critique", in *Hieroglyphs of the Future. Art and Politics in a net-*

a proposta de militância invertida, já não empenhada em destruir, mas em salvar um capitalismo que teria perdido seu espírito[8]. Mas seu nível normal é o da constatação desencantada da impossibilidade de mudar o curso de um mundo no qual faltaria qualquer ponto sólido para uma oposição à realidade de dominação que se tornou gasosa, líquida, imaterial. De fato, qual o poder dos manifestantes/consumidores fotografados por Josephine Meckseper diante de uma guerra assim descrita por um sociólogo eminente de nosso tempo? "A técnica fundamental do poder hoje é a esquiva, o desvio, o subterfúgio, o evitamento, a rejeição efetiva de qualquer confinamento territorial, com seus corolários pesados de ordem por edificar, de ordem por conservar e a responsabilidade pelas consequências, tanto quanto a necessidade de arcar com seus custos [...] Ataques desfechados por aviões de combate furtivos e mísseis inteligentes guiados e autodirigíveis – desfechados de surpresa, de parte alguma, e logo subtraídos ao olhar – substituíram as invasões territoriais por tropas de infantaria e o esforço para desapossar o inimigo de seu território [...] A força militar e sua estratégia de *hit-and-run* prefiguravam, encarnavam e pressagiavam o que estava realmente em jogo no novo tipo de guerra da era da modernidade líquida: não conquistar um novo território, mas derrubar os muros que detinham os novos poderes globais e fluidos."[9] Esse diagnóstico foi publicado em 2000. Não seria difícil perceber que ele foi plenamente comprovado pelas ações militares dos oito anos seguintes. Mas a previsão melancólica não incide sobre fatos comprováveis. Ela diz simplesmente: as coisas não são o que parecem. Essa é uma frase que nunca corre o risco de ser refutada. A melancolia alimenta-se de sua própria impotência.

---

    *worked era*, Broadcasting Project, Paris/Zagreb, 2002 (também disponível em www.geocities.com/CognitiveCapitalism/holmes1.html, bem como "Réveiller les fantômes collectifs. Résistance réticulaire, personnalité flexible", www.republicart.net/disc/artsabotage/holmes01_fr.pdf)

8. Bernard Stiegler, *Mécréance et discrédit 3; L'esprit perdu du capitalisme*, Galilée, 2006.
9. Zygmunt Bauman, *Liquid Modernity*, Polity Press. 2000, pp. 11-2 (tradução minha).

Basta-lhe poder convertê-la em impotência generalizada e reservar-se a posição de espírito lúcido que lança um olhar desencantado sobre um mundo onde a interpretação crítica do sistema se tornou um elemento do próprio sistema.

Diante dessa melancolia de esquerda, assistimos ao desenvolvimento de um novo furor de direita, que reformula a denúncia do mercado, da mídia e do espetáculo como denúncia das devastações do indivíduo democrático. Há algum tempo a opinião dominante designava com o nome de democracia a convergência entre uma forma de governo baseada nas liberdades públicas e o modo de vida individual baseado na livre escolha oferecida pelo livre mercado. Enquanto durou o império soviético, ela opunha essa democracia ao inimigo chamado de totalitarismo. Mas o consenso sobre a fórmula que identificava democracia e soma de direitos humanos, livre mercado e livre escolha individual dissipou-se com o desaparecimento do inimigo. Nos anos seguintes a 1989, campanhas intelectuais cada vez mais furiosas denunciaram o efeito fatal da conjunção entre os direitos humanos e a livre escolha dos indivíduos. Sociólogos, filósofos políticos e moralistas se revezaram para nos explicar que os direitos humanos, como Marx bem vira, são direitos do indivíduo egoísta burguês, direitos dos consumidores de mercadorias, e que esses direitos levavam hoje esses consumidores a derrubar qualquer entrave a seu frenesi, portanto a destruir todas as formas tradicionais de autoridade que impunham um limite ao poder do mercado: escola, religião ou família. Esse é, dizem, o sentido real da palavra democracia: a lei do indivíduo preocupado apenas com a satisfação de seus desejos. Os indivíduos democráticos querem a igualdade. Mas a igualdade que querem é a que reina entre o vendedor e o comprador de uma mercadoria. O que eles querem, portanto, é o triunfo do mercado em todas as relações humanas. E, quanto mais amor têm à igualdade, mais ardorosamente concorrem para esse triunfo. Com base nisso, era fácil provar que os movimentos estudantis da década 1960 e, mais especialmente, o de maio de 68 na França visavam apenas à destruição das formas de autoridade tradicional que se opunham à invasão generalizada da vida pela lei do Capital, e que seu único efeito foi transformar nossas sociedades em livres agregados de moléculas soltas, isentas de qualquer filiação, inteiramente disponíveis só para a lei do mercado.

Mas essa nova crítica da mercadoria deveria dar mais um passo e apresentar como consequência da sede democrática de consumo igualitário não só o reinado do mercado, mas também a destruição terrorista e totalitária dos elos sociais e humanos. Há algum tempo se opunha individualismo a totalitarismo. Mas nessa nova teorização, o totalitarismo torna-se consequência do fanatismo individualista da livre escolha e do consumo ilimitado. No momento do desmoronamento das torres, um eminente psicanalista, jurista e filósofo, Pierre Legendre, explicava no *Le Monde* que o ataque terrorista era o retorno do recalcado ocidental, a punição pela destruição ocidental da ordem simbólica, destruição resumida no casamento homossexual. Dois anos depois, um eminente filósofo e linguista, Jean-Claude Milner, dava um cunho mais radical a essa interpretação em seu livro *Les Penchants criminels de l'Europe démocratique* [Tendências criminosas da Europa democrática]. O crime que ele imputava à Europa democrática era simplesmente o extermínio dos judeus. A democracia, argumentava ele, é o reino da ilimitação social, é animada pelo desejo de expansão sem fim desse processo de ilimitação. O povo judeu, ao contrário, sendo o povo fiel à lei de filiação e transmissão, representava o único obstáculo a essa tendência inerente à democracia. É esse o motivo pelo qual esta precisava eliminá-lo e foi a única beneficiária dessa eliminação. E nos tumultos dos subúrbios franceses de novembro de 2005, o porta-voz da *intelligentsia* midiática francesa, Alain Finkielkraut, via a consequência direta do terrorismo democrático do consumo sem entraves: "Essa gente que destrói escolas o que diz de fato? Sua mensagem não é um pedido de ajuda ou uma exigência de mais escolas ou de melhores escolas, é a vontade de eliminar os intermediários entre ela e os objetos de seus desejos. E quais são os objetos de seus desejos? É simples: dinheiro, grifes, mulheres às vezes, [...] querem tudo agora, e o que querem é o ideal da sociedade de consumo. É o que veem na televisão."[10] Como o mesmo autor afirmava que aqueles jovens tinham sido impelidos a amotinar-se por fanáticos islamitas, a demonstração reduzia afinal a uma única figura democracia, consumo, puerilidade, fanatismo religioso e violência terrorista. A crítica do consumo e do espetáculo identificava-se em última instância com os temas mais crus do choque de civilizações e da guerra contra o terror.

Opus esse furor direitista da crítica pós-crítica à melancolia de esquerda. Mas trata-se de duas faces da mesma moeda. Ambas põem em ação a mesma inversão do modelo crítico que pretendia revelar a lei da mercadoria como verdade última das belas aparências, a fim de armar os combatentes da luta social. A revelação continua em curso. Mas não se espera que ela forneça nenhuma arma contra o império que denuncia. A melancolia de esquerda convida-nos a reconhecer que não há alternativa para o poder da besta e a confessar que estamos satisfeitos com isso. O furor de direita nos adverte que, quanto mais tentarmos dobrar o poder da besta, mais contribuiremos para seu triunfo. Mas essa desconexão entre os procedimentos críticos e sua finalidade lhes subtrai, como contrapartida, qualquer esperança de eficácia. Os melancólicos e os profetas envergam os trajes da razão esclarecida que decifra os sintomas de uma doença da civilização. Mas essa razão esclarecida, por sua vez, apresenta-se desprovida de qualquer efeito sobre doentes cuja doença consiste em não se saberem doentes. A interminável crítica ao sistema identifica-se, afinal, com a demonstração das razões pelas quais essa crítica é desprovida de qualquer efeito.

Evidentemente, essa impotência da razão esclarecida não é acidental. É intrínseca a essa figura da crítica pós-crítica. Os mesmos profetas que deploram a derrota da razão do Iluminismo em face do terrorismo do "individualismo democrático" voltam as suspeitas para essa mesma

---

10. Alain Finkielkraut, entrevista dada ao *Haaretz*, 18 de novembro de 2005, tradução de Michel Warschawski e Michèle Sibony.

razão. No "terror" que denunciam, veem a consequência da livre flutuação dos átomos individuais, soltos dos elos das instituições tradicionais que mantêm juntos os seres humanos: família, escola, religião, solidariedades tradicionais. Ora, essa argumentação tem uma história bem identificável. Remonta à análise contrarrevolucionária da Revolução Francesa. Segundo ela, a Revolução Francesa destruíra o tecido das instituições coletivas que reuniam, educavam e protegiam os indivíduos: a religião, a monarquia, os vínculos feudais de dependência, as corporações etc. Essa destruição, para ela, era produto do espírito iluminista, que era o espírito do individualismo protestante. Por conseguinte, esses indivíduos desvinculados, desaculturados e sem proteção se haviam tornado disponíveis tanto para o terrorismo de massa quanto para a exploração capitalista. A campanha antidemocrática atual retoma abertamente essa análise do elo entre democracia, mercado e terror. Mas, se consegue incluir a análise marxista da revolução burguesa e do fetichismo mercantil, é porque esta nasceu nesse solo e dele extraiu mais de um alimento. A crítica marxista dos direitos humanos, da revolução burguesa e da relação social alienada desenvolveu-se nesse terreno da interpretação pós-revolucionária e contrarrevolucionária da revolução democrática como revolução individualista burguesa que dilacerou o tecido da comunidade. E é bem natural que a inversão crítica da tradição crítica oriunda do marxismo nos reconduza a isso.

Portanto, é falso dizer que a tradição da crítica social e cultural está esgotada. Ela vai muito bem, em sua forma invertida que agora estrutura o discurso dominante. Simplesmente foi levada de volta a seu terreno de origem: o da interpretação da modernidade como ruptura individualista do elo social e da democracia como individualismo de massa. Foi também levada de volta à tensão originária entre a lógica dessa interpretação da "modernidade democrática" e a lógica da emancipação social. A atual desconexão entre a crítica do mercado e do espetáculo e qualquer visão emancipadora é a forma última de uma tensão que habitou desde a origem o movimento de emancipação social.

Para compreender essa tensão, é preciso voltar ao sentido original da palavra "emancipação": saída de um estado de menoridade. Ora, esse estado de menoridade do qual os militantes da emancipação social quiseram sair é, em princípio, a mesma coisa que o "tecido harmonioso da comunidade" com que sonhavam, há dois séculos, os pensadores da contrarrevolução e com que se emocionam hoje os pensadores pós-marxistas do elo social perdido. A comunidade harmoniosamente tecida, alvo dessas saudades, é aquela em que cada um tem seu lugar em sua classe, fica ocupado na função que lhe cabe e é dotado do equipamento sensorial e intelectual que convém a esse lugar e a essa função: a comunidade platônica na qual os artesãos devem ficar em seu lugar porque o trabalho não espera – que não sobre tempo para ir prosear na ágora, deliberar na assembleia e olhar sombras no teatro –, mas também porque a divindade lhes deu alma de ferro – o equipamento sensorial e intelectual – que os adapta e os fixa a essa ocupação. É o que chamo de divisão policial do sensível: a existência de uma relação "harmoniosa" entre uma ocupação e um equipamento, entre o fato de estar num tempo e num espaço específicos, de nele exercer ocupações definidas e de ser dotado das capacidades de sentir, dizer e fazer que convêm a essas atividades. A emancipação social, na verdade, significou a ruptura da concordância entre uma "ocupação" e uma "capacidade" que significava incapacidade de conquistar outro espaço e outro tempo. Significou o desmantelamento daquele corpo trabalhador adaptado à ocupação do artesão sabedor de que o trabalho não espera, de que os sentidos são moldados por essa "ausência de tempo". Os trabalhadores emancipados formavam para si, *hic et nunc*, outro corpo e outra "alma" desse corpo – o corpo e a alma dos que não estão adaptados a nenhuma ocupação específica, que põem em ação as capacidades de sentir e falar, de pensar e agir que não pertencem a nenhuma classe em particular, que pertencem a qualquer um.

Mas essa ideia e essa prática da emancipação historicamente se mesclaram e por fim acabaram submetidas a uma outra ideia diferente de dominação e libertação: a que relacionava a dominação com um processo de separação e a libertação, por conseguinte, com a reconquista de uma unidade perdida. Segundo essa visão, exemplarmente resumida nos textos do jovem Marx, a sujeição à lei do Capital era efeito de uma sociedade cuja unidade fora quebrada, cuja riqueza fora alienada, projetada acima ou em face dela. A emancipação então só podia aparecer como reapropriação global de um bem perdido pela comunidade. E essa reapropriação só podia ser resultado do conhecimento do processo global dessa separação. Desse ponto de vista, as formas de emancipação daqueles artesãos que constituíam um corpo novo para viver aqui e agora num novo mundo sensível só podiam ser ilusões, produzidas pelo processo de separação e pela ignorância desse processo. A emancipação só poderia chegar como o fim do processo global que havia separado a sociedade de sua verdade.

A partir daí, a emancipação deixou de ser concebida como construção de novas capacidades para ser promessa da ciência àqueles cujas capacidades ilusórias só podiam ser a outra face de sua incapacidade real. Mas a própria lógica da ciência era a lógica do adiamento indefinido da promessa. A ciência que prometia a liberdade era também a ciência do processo global que tem o efeito de produzir indefinidamente sua própria ignorância. Por esse motivo, precisa estar sempre empenhada em decifrar as imagens enganosas e em desmascarar as formas ilusórias de enriquecimento de si mesmo que só podiam encerrar um pouco mais os indivíduos nas redes da ilusão, da sujeição e da miséria. Sabemos o nível de frenesi atingido, entre o tempo das *Mythologies* [*Mitologias*] de Barthes e o da *Société du Spetacle* [*Sociedade do espetáculo*] de Guy Debord, pela leitura crítica das imagens e o desvendamento das mensagens enganosas que dissimulavam. Sabemos também como esse frenesi de decifração das mensagens enganosas de toda imagem se inverteu na década de 1980 com a afirmação desiludida de que já não havia por que distinguir imagem e realidade. Mas essa inversão não passa de consequência da lógica originária que concebia o processo social global como um processo de autodissimulação. O segredo oculto nada mais é, afinal, que o funcionamento óbvio da máquina. Está realmente aí a verdade do conceito de espetáculo fixado por Guy Debord: o espetáculo não é a exposição das imagens que ocultam a realidade. É a existência da atividade social e da riqueza social como realidade separada. A situação dos que vivem na sociedade do espetáculo é então idêntica à dos prisioneiros amarrados na caverna platônica. A caverna é o lugar onde as imagens são tomadas por realidades, a ignorância por saber e a pobreza por riqueza. E, quanto mais os prisioneiros se imaginam capazes de construir de outro modo sua vida individual e coletiva, mais se enleiam na servidão da caverna. Mas essa declaração de impotência leva de volta à ciência que a proclama. Conhecer a lei do espetáculo equivale a conhecer a maneira como ele reproduz indefinidamente a falsificação que é idêntica à sua realidade. Debord resumiu a lógica desse círculo numa fórmula lapidar: "No mundo realmente invertido, o verdadeiro é um momento do falso."[11] Assim, o próprio conhecimento da inversão pertence ao mundo invertido, o conhecimento da sujeição, ao mundo da sujeição. Por isso, a crítica da ilusão das imagens pôde ser revertida em crítica da ilusão de realidade, e a crítica da falsa riqueza, em crítica da falsa pobreza. A pretensa viravolta pós-moderna, nesse sentido, nada mais é que uma volta a mais no mesmo círculo. Não há passagem teórica da crítica modernista ao niilismo pós-moderno. O que se faz é ler em outro sentido a mesma equação da realidade e da imagem, da riqueza e da pobreza. O niilismo atribuído ao humor pós-moderno poderia muito bem ter sido desde o início o segredo oculto da ciência que dizia revelar o segredo oculto da sociedade moderna. Essa ciência alimentava-se da indestrutibilidade do segredo e da reprodução indefinida do processo de falsificação que denunciava. A desconexão presente entre os procedimentos críticos e qualquer perspectiva de emancipação revela apenas a disjunção que estava no

---
11. Guy Debord, *La société du spectacle*, op. cit., p. 6.

cerne do paradigma crítico. Ela pode zombar de suas ilusões, mas reproduz sua lógica.

Por isso, uma real "crítica da crítica" só pode ser uma inversão a mais de sua lógica. Passa por um reexame de seus conceitos e de seus procedimentos, de sua genealogia e do modo como eles se entrelaçaram com a lógica da emancipação social. Passa especialmente por um olhar novo sobre a história da imagem obsedante em torno da qual ocorreu a inversão do modelo crítico, a imagem, totalmente surrada e sempre pronta para o uso, do pobre e cretino consumidor, submerso pela vaga das mercadorias e imagens e seduzido por suas promessas falaciosas. Essa preocupação obsessiva em relação à exposição maléfica das mercadorias e das imagens e essa representação de sua vítima cega e complacente não nasceram no tempo de Barthes, Baudrillard ou Debord. Impuseram-se na segunda metade do século XIX num contexto bem específico. Era o tempo em que a fisiologia descobria a multiplicidade de estímulos e circuitos nervosos, em lugar do que fora unidade e simplicidade da alma, e em que a psicologia, com Taine, transformava o cérebro em um "polipeiro de imagens". O problema é que essa promoção científica da quantidade coincidia com outra, com a da multidão popular, sujeito da forma de governo chamada democracia, com a de multiplicidade de indivíduos sem qualidade que a proliferação de textos e imagens reproduzidos, de vitrines de rua comercial e das luzes da cidade pública transformavam em habitantes plenos de um mundo compartilhado de conhecimentos e gozos.

Foi nesse contexto que o rumor começou a elevar-se: havia estímulos em demasia, desfechados de todos os lados, pensamentos e imagens em demasia, invadindo cérebros não preparados para dominar sua abundância, imagens de prazeres possíveis em demasia, expostas à visão dos pobres das grandes cidades, conhecimentos novos em demasia, lançados dentro do crânio fraco das crianças do povo. Essa excitação de energia nervosa era um sério perigo. O resultado é uma explosão de apetites desconhecidos produzindo, em curto prazo, novos assaltos contra a ordem social e, a longo prazo, o esgotamento da raça trabalhadeira e sólida. A deploração do excesso de mercadorias e de imagens consumíveis foi de início um quadro da sociedade democrática como sociedade em que há em demasia indivíduos capazes de apropriar-se de palavras, imagens e formas de vivência. Foi essa, de fato, a grande angústia das elites do século XIX: a angústia diante da circulação dessas formas inéditas de vivência, apropriadas a dar a qualquer passante, visitante ou leitora o material capaz de contribuir para a reconfiguração de seu mundo vivenciado. Essa multiplicação de encontros inéditos era também o despertar de capacidades inéditas nos corpos populares. A emancipação, ou seja, o desmantelamento da velha divisão do visível, do pensável e do factível, alimentou-se dessa multiplicação. A denúncia das seduções mentirosas da "sociedade de consumo" foi inicialmente obra daquelas elites apavoradas diante das duas figuras gêmeas e contemporâneas da experimentação popular de novas formas de vida: Emma Bovary e a Associação Internacional dos Trabalhadores. Evidentemente, esse pavor assumiu a forma da solicitude paternal para com os pobres cujos cérebros frágeis eram incapazes de dominar essa multiplicidade. Em outras palavras, essa capacidade de reinventar a vida foi transformada em incapacidade de julgar as situações.

    Esse cuidado paternal e o diagnóstico de incapacidade que ele implicava foram generosamente retomados pelos que quiseram utilizar a ciência da realidade social para possibilitar que homens e mulheres do povo tomassem consciência de sua situação real disfarçada pelas imagens mentirosas. Assumiram-nos porque desposavam sua própria visão do movimento global de produção comercial como produção automática de ilusões para os agentes que lhe estavam sujeitados. Desse modo, assumiram também aquela transformação de capacidades perigosas para a ordem social em incapacidades fatais. Os procedimentos da crítica social têm como finalidade cuidar dos incapazes, dos que não sabem ver, dos que não compreendem o sentido do que veem, dos que não sabem transformar o saber adquirido em energia militante. E os médicos precisam desses doentes para cuidar. Para cuidar das incapacidades, precisam reproduzi-las indefinidamente. Ora, para garantir essa reprodução, basta uma volta que, periodicamente, transforme saúde em doença e doença em saúde. Há quarenta anos, a ciência crítica nos fazia rir dos imbecis que tomavam imagens por realidades e se deixavam assim seduzir por suas mensagens ocultas. Entrementes, os "imbecis" foram instruídos na arte de reconhecer a realidade por trás da aparência e as mensagens ocultas nas imagens. E agora, evidentemente, a ciência crítica reciclada nos faz sorrir daqueles imbecis que ainda acreditam haver mensagens ocultas nas imagens e uma realidade distinta da aparência. A máquina pode funcionar assim até o fim dos tempos, capitalizando em cima da impotência da crítica que desvenda a impotência dos imbecis.

Portanto, eu não quis acrescentar uma volta a essas reviravoltas que sustentam infindavelmente o mesmo maquinário. Minha intenção foi sugerir a necessidade e a direção de uma mudança de atitude. No cerne dessa atitude há a tentativa de desamarrar o elo entre a lógica emancipadora da capacidade e a lógica crítica da captação coletiva. Sair do círculo é partir de outros pressupostos, de suposições seguramente insensatas do ponto de vista da ordem de nossas sociedades oligárquicas e da chamada lógica crítica que é seu dublê. Pressuporíamos assim que os incapazes são capazes, que não há nenhum segredo oculto da máquina que os mantenha encerrados em sua posição. Suporíamos que não há nenhum mecanismo fatal a transformar a realidade em imagem, nenhuma besta monstruosa a absorver todos os desejos e energias em seu estômago, nenhuma comunidade perdida por restaurar. O que há são simplesmente cenas de dissenso, capazes de sobrevir em qualquer lugar, a qualquer momento. Dissenso quer dizer uma organização do sensível na qual não há realidade oculta sob as aparências, nem regime único de apresentação e interpretação do dado que imponha a todos a sua evidência. É que toda situação é passível de ser fendida no interior, reconfigurada sob outro regime de percepção e significação. Reconfigurar a paisagem do perceptível e do pensável é modificar o território do possível e a distribuição das capacidades e incapacidades. O dissenso põe em jogo, ao mesmo tempo, a evidência do que é percebido, pensável e factível e a divisão daqueles que são capazes de perceber, pensar e modificar as coordenadas do mundo comum. É nisso que consiste o processo de subjetivação política: na ação de capacidades não contadas que vêm fender a unidade do dado e a evidência do visível para desenhar uma nova topografia do possível. A inteligência coletiva da emancipação não é a compreensão de um processo global de sujeição. É a coletivização das capacidades investidas nessas cenas de dissenso. É a aplicação da capacidade de qualquer um, da qualidade dos homens sem qualidade. Como eu disse, nada mais que hipóteses insensatas. No entanto, acredito que há mais que procurar e mais que encontrar hoje na investigação desse poder do que na interminável tarefa de desmascarar os fetiches ou na interminável demonstração da onipotência da besta.

# Paradoxos da arte política

Passado o tempo da denúncia do paradigma modernista e do ceticismo dominante quanto aos poderes subversivos da arte, vê-se de novo a afirmação mais ou menos generalizada de sua vocação para responder às formas de dominação econômica, estatal e ideológica. Mas vê-se também essa vocação reafirmada assumindo formas divergentes, se não contraditórias. Alguns artistas transformam em estátuas monumentais os ícones midiáticos e publicitários para nos fazerem tomar consciência do poder desses ícones sobre nossa percepção; outros enterram silenciosamente monumentos invisíveis dedicados aos horrores do século; uns se empenham em mostrar-nos os "vieses" da representação dominante das identidades subalternas, outros nos propõem afinar o olhar diante das imagens de personagens com identidade flutuante ou indecifrável; alguns artistas fazem os *banners* e as máscaras dos manifestantes que se insurgem contra o poder globalizado, outros se introduzem com falsas identidades nas reuniões dos poderosos desse mundo ou em suas redes de informação e comunicação; alguns fazem em museus a demonstração de novas máquinas ecológicas, outros põem nos subúrbios carentes pequenas pedras ou discretos sinais de néon destinados a criar um ambiente novo, desencadeando novas relações sociais; um transporta para bairros desfavorecidos as obras-primas de um museu, outros enchem as salas dos museus do lixo deixado por seus visitantes; um paga trabalhadores imigrantes para que, abrindo seu próprio túmulo, demonstrem a violência do sistema salarial, enquanto outra vai trabalhar como caixa de supermercado para empenhar a arte na prática de restauração dos elos sociais.

A vontade de repolitizar a arte manifesta-se assim em estratégias e práticas muito diversas. Essa diversidade não traduz apenas a variedade dos meios escolhidos para atingir o mesmo fim. Reflete uma incerteza mais fundamental sobre o fim em vista e sobre a própria configuração do terreno, sobre o que é a política e sobre o que a arte faz. Contudo, essas práticas divergentes têm um ponto em comum: geralmente consideram ponto pacífico certo modelo de eficácia: a arte é considerada política porque mostra os estigmas da dominação, porque ridiculariza os ícones reinantes ou porque sai de seus lugares próprios para transformar-se em prática social etc. Ao cabo de um bom século de suposta crítica da tradição mimética, é forçoso constatar que essa tradição continua dominante até nas formas que se querem artística e politicamente subversivas. Supõe-se que a arte nos torna revoltados quando nos mostra coisas revoltantes, que nos mobiliza pelo fato de mover-se para fora do ateliê ou do museu, e que nos transforma em oponentes do sistema dominante ao se negar como elemento desse sistema. Apresenta-se sempre como evidente a passagem da causa ao efeito, da intenção ao resultado, a não ser que se suponha o artista inábil ou o destinatário incorrigível.

A "política da arte" é assim marcada por uma estranha esquizofrenia. Artistas e críticos nos convidam a situar o pensamento e as práticas da arte num contexto sempre novo. Gostam de nos dizer que as estratégias artísticas devem ser inteiramente repensadas no contexto do capitalismo tardio, da globalização, do trabalho pós-fordista, da comunicação informática ou da imagem digital. Mas continuam a validar em massa modelos de eficácia da arte que talvez tenham sido abalados um século ou dois antes de todas essas novidades. Gostaria, portanto, de inverter a perspectiva habitual e ganhar certa distância histórica para fazer algumas perguntas: a que modelos de eficácia obedecem nossas expectativas e nossos juízos em matéria de política da arte? A que era esses modelos pertencem?

Transporto-me então à Europa do século XVIII, no momento em que o modelo mimético dominante foi contestado de duas maneiras. Esse modelo supunha uma relação de continuidade entre as formas sensíveis da produção artística e as formas sensíveis segundo as quais são afetados os sentimentos e os pensamentos de quem as recebe. Assim, supunha-se que a cena teatral clássica deveria ser um espelho ampliador em que os espectadores eram convidados a ver, nas formas da ficção, os comportamentos, as virtudes e os vícios humanos. O teatro propunha lógicas de situações que deveriam ser reconhecidas para a orientação no mundo e modelos de pensamento e ação por imitar ou evitar. *Tartufo* de Molière ensinava a reconhecer e a odiar os hipócritas; *Maomé* de Voltaire ou *Natã, o Sábio* de Lessing, a fugir do fanatismo e amar a tolerância. Essa vocação edificante está aparentemente distante de nossa maneira de pensar e sentir. No entanto, a lógica causal que lhe subjaz está muito próxima de nós. Segundo essa lógica, o que vemos – num palco de teatro, mas também numa exposição fotográfica ou numa instalação – são os signos sensíveis de certo estado, dispostos pela vontade de um autor. Reconhecer esses signos é empenhar-se em certa leitura de nosso mundo. E essa leitura engendra um sentimento de proximidade ou de distância que nos impele a intervir na situação assim significada, da maneira desejada pelo autor. Daremos a isso o nome de modelo pedagógico da eficácia da arte. Esse modelo continua marcando a produção e o julgamento de nossos contemporâneos. Sem dúvida já não acreditamos na correção dos costumes pelo teatro. Mas ainda gostamos de acreditar que a representação de resina deste ou daquele ídolo publicitário nos erguerá contra o império midiático do espetáculo ou que uma série fotográfica sobre a representação dos colonizados pelo colonizador nos ajudará a escapar hoje das ciladas da representação dominante das identidades.

Ora, esse modelo foi questionado já nos anos 1760 de duas formas. A primeira é a do ataque frontal. Penso na *Lettre sur les spectacles* [*Carta sobre os espetáculos*] de Rousseau e na denúncia que está em seu cerne: a da pretensa lição de moral do *Misantropo* de Molière. Além do ataque às intenções de um autor, sua crítica designava alguma coisa mais fundamental: a ruptura da linha reta suposta pelo modelo representativo entre a performance dos corpos teatrais, seu sentido e seu efeito. Molière dará razão à sinceridade de seu misantropo contra a hipocrisia dos mundanos que o cercam? Dará razão ao respeito deles pelas exigências da vida em sociedade contra sua intolerância? Aí também o problema aparentemente superado é fácil de transpor para a nossa atualidade: que esperar da representação fotográfica, nas paredes das galerias, das vítimas desta ou daquela iniciativa de extermínio étnico: revolta contra seus carrascos? Simpatia sem consequência pelos que sofrem? Cólera contra os fotógrafos que fazem da aflição de populações uma oportunidade de manifestação estética? Ou indignação contra seu olhar conivente, que naquelas populações só vê a situação degradante de vítimas?

A questão é indecidível. Não que o artista tivesse intenções duvidosas ou prática imperfeita, deixando assim de acertar na boa fórmula para transmitir os sentimentos e pensamentos apropriados à situação representada. O problema está na própria fórmula, na pressuposição de um *continuum* sensível entre a produção de imagens, gestos ou palavras e a percepção de uma situação que empenhe pensamentos, sentimentos e ações dos espectadores. Não é surpreendente que o teatro tenha sido o primeiro a perceber que estava em crise, há mais de dois séculos, um modelo no qual numerosos artistas plásticos ainda hoje acreditam ou fingem acreditar: é porque o teatro é o lugar onde se expõem nuamente as pressuposições – e as contradições – que guiam certa ideia de eficácia da arte. E não é surpreendente que *O Misantropo* tenha dado a ocasião exemplar para isso, visto que seu próprio tema aponta para o paradoxo. Como o teatro poderia desmascarar os hipócritas, se a lei que o rege é a lei que governa o comportamento dos hipócritas: a encenação por corpos vivos dos sinais de pensamentos e sentimentos que não são seus? Vinte anos depois da *Carta sobre os espetáculos*, um dramaturgo que ainda sonhava com o teatro como instituição moral, Schiller, fazia a demonstração teatral de tais coisas opondo em *Os bandoleiros* o hipócrita Franz Moor a seu irmão Karl, que leva ao ponto do crime o sublime da sinceridade revoltada contra a hipocrisia do mundo. Qual lição esperar do confronto de dois heróis que, agindo "em conformidade com a natureza", agem como monstros? "Os elos da natureza estão rompidos", declara Franz. A fábula de *Os bandoleiros* levava ao ponto de ruptura a figura ética da eficácia teatral. Dissociava os três elementos cujo ajuste supostamente inseria essa eficácia na ordem da natureza: a regra aristotélica de construção das ações, a moral dos exemplos à Plutarco e as fórmulas modernas de expressão de pensamentos e sentimentos pelos corpos.

O problema então não se refere à validade moral ou política da mensagem transmitida pelo dispositivo representativo. Refere-se ao próprio dispositivo. Sua fissura põe à mostra que a eficácia da arte não consiste em transmitir mensagens, dar modelos ou contramodelos de comportamento ou ensinar a decifrar as representações. Ela consiste sobretudo em disposições dos corpos, em recorte de espaços e tempos singulares que definem maneiras de ser, juntos ou separados, na frente ou no meio, dentro ou fora, perto ou longe. É o que a polêmica de Rousseau punha em evidência. Mas ela imediatamente punha em curto-circuito o pensamento dessa eficácia por meio de uma alternativa demasiado simples. Pois o que ela opõe às duvidosas lições de moral da representação é simplesmente a arte sem representação, a arte que não separa a cena da performance artística e a da vida coletiva. Ao público dos teatros ela opõe o povo em ato, a festa cívica em que a cidade se apresenta a si mesma, como faziam os efebos espartanos celebrados por Plutarco. Rousseau retomava assim a polêmica inaugural de Platão, opondo à mentira da mimese teatral a boa mimese: a coreografia da cidade em ato, movida por seu princípio espiritual interno, cantando e dançando sua própria unidade. Esse paradigma designa o lugar da política da arte, mas para logo depois subtrair a arte e a política juntas. Substitui a duvidosa pretensão da representação a corrigir os costumes e os pensamentos por um modelo arquiético. Arquiético no sentido de que os pensamentos já não são objeto de lições dadas por corpos ou imagens representados, mas estão diretamente encarnados em costumes, em modos de ser da comunidade. Esse modelo arquiético não deixou de acompanhar o que chamamos de modernidade, como pensamento de uma arte que se tornou forma de vida. Teve seus grandes momentos no primeiro quartel do século XX: a obra de arte total, o coro do povo em ato, a sinfonia futurista ou construtivista do novo mundo mecânico. Essas formas ficaram bem longe, para trás. Mas o que continua perto é o modelo de arte que deve suprimir-se a si mesma, de teatro que deve inverter sua lógica, transformando o espectador em ator, da performance artística que faz a arte sair do museu para fazer dela um gesto na rua, ou anula dentro do próprio museu a separação entre arte e vida. O que se opõe então à pedagogia incerta da mediação representativa é outra pedagogia, a da imediatez ética. Essa polaridade entre duas pedagogias define o círculo no qual ainda hoje está frequentemente encerrada boa parte da reflexão sobre a política da arte.

Ora, essa polaridade tende a obscurecer a existência de uma terceira forma de eficácia da arte, que merece propriamente o nome de eficácia estética, pois é própria do regime estético da arte. Mas trata-se de uma eficácia paradoxal: é a eficácia da própria separação, da descontinuidade entre as formas sensíveis da produção artística e as formas sensíveis através das quais os espectadores, os leitores ou os ouvintes se apropriam desta. A eficácia estética é a eficácia de uma distância e de uma neutralização. Esse ponto merece esclarecimento. A "distância" estética na verdade foi associada por certa sociologia à contemplação extática da beleza, que esconderia os fundamentos sociais da produção artística e de sua recepção e contrariaria, assim, a consciência crítica da realidade e dos meios de agir nela. Mas essa crítica deixa escapar o que constitui o princípio dessa distância e de sua eficácia: a suspensão de qualquer relação determinável entre a intenção do artista, a forma sensível apresentada num lugar de arte, o olhar de um espectador e um estado da comunidade. Essa disjunção pode ser emblematizada, na época em que Rousseau escrevia sua *Carta sobre os espetáculos*, pela descrição aparentemente inofensiva de uma escultura antiga, descrição feita por Winckelmann da estátua conhecida como *Torso* do Belvedere. A ruptura que essa análise realiza em relação ao paradigma representativo consiste em dois pontos essenciais. Primeiramente, essa estátua está desprovida de tudo o que, no modelo representativo, possibilitava definir a beleza expressiva e o caráter exemplar de uma figura: não tem boca para proferir uma mensagem, rosto para expressar um sentimento, membros para comandar ou executar uma ação. Apesar disso, Winckelmann decidiu convertê-la na estátua do herói ativo entre todos, Hércules, o herói dos Doze Trabalhos. Mas fez dela um Hércules em repouso, acolhido depois de seus trabalhos no âmago dos deuses. E dessa personagem ociosa ele fez o representante exemplar da beleza grega, filha da liberdade grega – liberdade perdida de um povo que não conhecia a separação entre arte e vida. A estátua exprime, pois, a vida de um povo, como a festa de Rousseau, mas esse povo já foi subtraído, está presente apenas naquela figura ociosa, que não expressa nenhum sentimento e não propõe nenhuma ação por imitar. Este é o segundo ponto: a estátua está subtraída a todo e qualquer *continuum* que garanta uma relação de causa e efeito entre a intenção de um artista, um modo de recepção por um público e certa configuração da vida coletiva.

    A descrição de Winckelmann desenhava, assim, o modelo de uma eficácia paradoxal, que não passava por um suplemento de expressão ou de movimento, mas, ao contrário, por uma subtração – por indiferença ou passividade radical –, não por um enraizamento numa forma de vida, mas pela distância entre duas estruturas da vida coletiva. Esse paradoxo Schiller desenvolveria em suas *Lettres sur l'éducation esthétique de l'homme* [*Cartas sobre a educação estética do homem*], definindo eficácia estética como eficácia de uma suspensão. O "instinto de jogo" próprio à experiência neutraliza a oposição que tradicionalmente caracterizava a arte e seu enraizamento social: a arte se definia pela imposição ativa de uma forma à matéria passiva, e esse efeito a coadunava com uma hierarquia social na qual os homens de inteligência ativa dominavam os homens da passividade material. Para simbolizar a suspensão desse acordo tradicional entre a estrutura do exercício artístico e a de um mundo hierárquico, Schiller já não descrevia um corpo sem cabeça, mas uma cabeça sem corpo, a da *Juno Ludovisi*, caracterizada também por uma indiferença radical, por uma ausência radical de preocupação, vontade e finalidade, que neutralizava a própria oposição entre atividade e passividade.

Esse paradoxo define a configuração e a "política" daquilo que chamo regime estético da arte, em oposição ao regime da mediação representativa e ao da imediatez ética. Eficácia estética significa propriamente a eficácia da suspensão de qualquer relação direta entre a produção das formas da arte e a produção de um efeito determinado sobre um público determinado. A estátua de que Winckelmann ou Schiller nos falam foi a figura de um deus, o elemento de um culto religioso e cívico, mas já não o é. Já não ilustra nenhuma fé e não significa nenhuma grandeza social. Já não produz nenhuma correção dos costumes nem nenhuma mobilização dos corpos. Já não se dirige a nenhum público específico, mas ao público anônimo indeterminado dos visitantes de museus e dos leitores de romances. Ela lhes é oferecida da mesma maneira como é possível oferecer uma Virgem florentina, uma cena de cabaré holandês, uma tigela de frutas ou uma banca de peixes; da maneira como serão oferecidos mais tarde os *ready-made*, mercadorias desviadas ou cartazes descolados. Essas obras agora estão separadas das formas de vida que haviam dado ensejo à sua produção: formas mais ou menos míticas da vida coletiva do povo grego; formas modernas da dominação monárquica, religiosa ou aristocrática que conferiam uma destinação aos produtos das belas-artes. A dupla temporalidade da estátua grega, que agora é arte nos museus porque não o era nas cerimônias cívicas de outrora, define uma dupla relação de separação e não separação entre arte e vida. É por ter-se constituído ao redor da estátua desvinculada de sua destinação primeira que o museu – entendido não como simples construção, mas como forma de recorte do espaço comum e modo específico de visibilidade – poderá acolher mais tarde qualquer outra forma de objeto do mundo profano, também assim desvinculado. É também por isso que em nossos dias ele poderá prestar-se a acolher modos de circulação de informação e formas de discussão política que tentam opor-se aos modos dominantes de informação e discussão sobre as questões comuns.

A ruptura estética instalou, assim, uma singular forma de eficácia: a eficácia de uma desconexão, de uma ruptura da relação entre as produções das habilidades artísticas e dos fins sociais definidos, entre formas sensíveis, significações que podem nelas ser lidas e efeitos que elas podem produzir. Pode-se dizer de outro modo: a eficácia de um dissenso. O que entendo por dissenso não é o conflito de ideias ou sentimentos. É o conflito de vários regimes de sensorialidade. É por isso que a arte, no regime da separação estética, acaba por tocar na política. Pois o dissenso está no cerne da política. Política não é, em primeiro lugar, exercício do poder ou luta pelo poder. Seu âmbito não é definido, em primeiro lugar, pelas leis e instituições. A primeira questão política é saber que objetos e que sujeitos são visados por essas instituições e essas leis, que formas de relação definem propriamente uma comunidade política, que objetos essas relações visam, que sujeitos são aptos a designar esses objetos e a discuti-los. A política é a atividade que reconfigura os âmbitos sensíveis nos quais se definem objetos comuns. Ela rompe a evidência sensível da ordem "natural" que destina os indivíduos e os grupos ao comando ou à obediência, à vida pública ou à vida privada, votando-os sobretudo a certo tipo de espaço ou tempo, a certa maneira de ser, ver e dizer. Essa lógica dos corpos tem seu lugar numa distribuição do comum e do privado, que é também uma distribuição do visível e do invisível, da palavra e do ruído, é o que propus designar com o termo polícia. A política é a prática que rompe a ordem da polícia que antevê as relações de poder na própria evidência dos dados sensíveis. Ela o faz por meio da invenção de uma instância de enunciação coletiva que redesenha o espaço das coisas comuns. Tal como Platão nos ensina *a contrario*, a política começa quando há ruptura na distribuição dos espaços e das competências – e incompetências. Começa quando seres destinados a permanecer no espaço invisível do trabalho que não deixa tempo para fazer outra coisa tomam o tempo que não têm para afirmar-se coparticipantes de um mundo comum, para mostrar o que não se via, ou fazer ouvir como palavra a discutir o comum aquilo que era ouvido apenas como ruído dos corpos.

Se a experiência estética toca a política, é porque também se define como experiência de dissenso, oposta à adaptação mimética ou ética das produções artísticas com fins sociais. As produções artísticas perdem funcionalidade, saem da rede de conexões que lhes dava uma destinação antevendo seus efeitos; são propostas num espaço-tempo neutralizado, oferecidas igualmente a um olhar que está separado de qualquer prolongamento sensório-motor definido. O resultado não é a incorporação de um saber, de uma virtude ou de um *habitus*. Ao contrário, é a dissociação de certo corpo de experiência. É nisso que a estátua do *Torso*, mutilada e privada de seu mundo, emblematiza uma forma específica de relação entre a materialidade sensível da obra e seu efeito. Ninguém resumiu melhor essa relação paradoxal do que um poeta que, no entanto, pouco cuidou de política. Penso em Rilke e no poema por ele dedicado a outra estátua mutilada, o Torso arcaico de Apolo; o poema termina assim:

> Nela não há lugar
> Que não te mire: precisas mudar de vida.

A vida deve ser mudada porque a estátua mutilada define uma superfície que "mira" o espectador de todos os lugares; em outras palavras, porque a passividade da estátua define uma eficácia de gênero novo. Para compreender essa frase enigmática, talvez seja preciso atentar para outra história de membros e de olhar que ocorre numa outra cena bem diferente. Durante a revolução francesa de 1848, um jornal revolucionário operário, Le Tocsin des travailleurs, publicou um texto aparentemente "apolítico", a descrição da jornada de trabalho de um operário marceneiro, ocupado a taquear um aposento por conta do patrão e do dono do lugar. Ora, o que está no cerne da descrição é a disjunção entre a atividade dos braços e a do olhar, que subtrai o marceneiro a essas duas dependências.

"Acreditando-se em casa, enquanto não termina o aposento que está taqueando, ele gosta de sua disposição; se a janela se abre para um jardim ou domina um horizonte pitoresco, por um instante seus braços param e em pensamento ele plana para a espaçosa perspectiva, a fim fruí-la melhor que os donos das habitações vizinhas."[12]

Esse olhar que se separa dos braços e fende o espaço da atividade submissa destes para nela inserir o espaço de uma inatividade livre define bem um dissenso, o choque de dois regimes de sensorialidade. Esse choque marca uma subversão da economia "policial" das competências. Apoderar-se da perspectiva é já definir sua presença num espaço que não é o do "trabalho que não espera". É romper a divisão entre os que estão submetidos à necessidade do trabalho dos braços e os que dispõem da liberdade do olhar. É, por fim, apropriar-se desse olhar perspectivo tradicionalmente associado ao poder daqueles para os quais convergem as linhas dos jardins à francesa e as do edifício social. Essa apropriação estética não se identifica com a ilusão de que falam sociólogos como Bourdieu. Ela define a constituição de outro corpo que já não está "adaptado" à divisão policial de lugares, funções e competências sociais. Portanto,

---

12. Gabriel Gauny, "Le travaill à la journée", in Le Philosophe plébéien, op. cit., pp. 45-6.

não é por erro que esse texto "apolítico" aparece num jornal operário durante uma primavera revolucionária. A possibilidade de uma voz coletiva dos operários passa então por essa ruptura estética, por essa dissociação das maneiras operárias de ser. Pois para os dominados a questão nunca foi tomar consciência dos mecanismos de dominação, mas criar um corpo votado a outra coisa, que não a dominação. Como nos indica o mesmo marceneiro, não se trata de adquirir conhecimento da situação, mas das "paixões" que sejam inapropriadas a essa situação. O que produz essas paixões, essas subversões na disposição dos corpos não é esta ou aquela obra de arte, mas as formas de olhar correspondentes às formas novas de exposição das obras, às formas de sua existência separada. O que forma um corpo operário revolucionário não é a pintura revolucionária, quer ela seja revolucionária no sentido de David, quer no de Delacroix. É bem mais a possibilidade de tais obras serem vistas no espaço neutro do museu ou mesmo nas reproduções das enciclopédias por preço módico, onde são equivalentes às que ontem contavam o poder dos reis, a glória das cidades antigas ou os mistérios da fé.

O que funciona, em certo sentido, é uma vacância. É o que nos ensina uma iniciativa artístico-política aparentemente paradoxal que atualmente se desenvolve num dos subúrbios de Paris cujo caráter explosivo se manifestou na rebelião do outono de 2005: um daqueles subúrbios marcados pela relegação social e pela violência das tensões interétnicas. Numa dessas cidades, um grupo de artistas, *Campement urbain* [Acampamento urbano], montou um projeto estético na contramão do discurso dominante, que explica a "crise dos subúrbios" pela perda do elo social causada pelo individualismo de massa. Com o título "Je et Nous" [Eu e Nós], o intuito foi mobilizar uma parte da população para criar um espaço aparentemente paradoxal: um espaço "totalmente inútil, frágil e improdutivo", um lugar aberto a todos e sob a proteção de todos, mas que só possa ser ocupado por uma pessoa para a contemplação ou a meditação solitária. O aparente paradoxo dessa luta coletiva por um lugar único é simples de resolver: a possibilidade de estar sozinho(a) aparece como forma de relação social, a dimensão da vida social que, precisamente, é impossibilitada pelas condições de vida naqueles subúrbios. Aquele lugar vazio desenha ao inverso uma comunidade de pessoas que tenham a possibilidade de ficar sozinhas. Significa a igual capacidade dos membros de uma coletividade para ser um *Eu* cujo juízo possa ser atribuído a qualquer outro e criar assim, com base no modelo da universalidade estética kantiana, uma nova espécie de *Nós*, uma comunidade estética ou dissensual. O lugar vazio, inútil e improdutivo define uma ruptura na distribuição normal das formas da existência sensível e das "competências" e "incompetências" a ela vinculadas. Num filme ligado a esse projeto, Sylvie Blocher mostrou habitantes com camisetas ostentando uma frase que cada pessoa havia escolhido, portanto, algo como um lema estético. Entre aquelas frases, lembro-me desta, em que uma mulher velada diz com suas palavras o que o lugar se propõe formular: "Quero uma palavra vazia que eu possa preencher."

A partir daí, é possível enunciar o paradoxo da relação entre arte e política. Arte e política têm a ver uma com a outra como formas de dissenso, operações de reconfiguração da experiência comum do sensível. Há uma estética da política no sentido de que os atos de subjetivação política redefinem o que é visível, o que se pode dizer dele e que sujeitos são capazes de fazê-lo. Há uma política da estética no sentido de que as novas formas de circulação da palavra, de exposição do visível e de produção dos afetos determinam capacidades novas, em ruptura com a antiga configuração do possível. Há, assim, uma política da arte que precede as políticas dos artistas, uma política da arte como recorte singular dos objetos da experiência comum, que funciona por si mesma, independentemente dos desejos que os artistas possam ter de servir esta ou aquela causa. O efeito do museu, do livro ou do teatro tem a ver com as divisões de espaço e tempo e com os modos de apresentação sensível que instituem, antes de dizer respeito ao conteúdo desta ou daquela obra. Mas esse efeito não define nem uma estratégia política da arte como tal nem uma contribuição calculável da arte para a ação política.

Aquilo que se chama política da arte, portanto, é o entrelaçamento de lógicas heterogêneas. Há, em primeiro lugar, aquilo que se pode chamar "política da estética", ou seja, o efeito, no campo político, das formas de estruturação da experiência sensível próprias a um regime da arte. No regime estético da arte, isso quer dizer constituição de espaços neutralizados, perda da destinação das obras e sua disponibilidade indiferente, encavalamento das temporalidades heterogêneas, igualdade dos sujeitos representados e anonimato daqueles a quem as obras se dirigem. Todas essas propriedades definem o domínio da arte como domínio de uma forma de experiência própria, separada das outras formas de conexão da experiência sensível. Determinam o complemento paradoxal dessa separação estética, a ausência de critérios imanentes às próprias produções da arte, a ausência de separação entre as coisas que pertencem à arte e as que não pertencem. A relação dessas duas propriedades define certo democratismo estético que não depende das intenções dos artistas e não tem efeito determinável em termos de subjetivação política.

Nesse quadro, há, em segundo lugar, as estratégias dos artistas que se propõem mudar os referenciais do que é visível e enunciável, mostrar o que não era visto, mostrar de outro jeito o que não era facilmente visto, correlacionar o que não estava correlacionado, com o objetivo de produzir rupturas no tecido sensível das percepções e na dinâmica dos afetos. Esse é o trabalho da ficção. Ficção não é criação de um mundo imaginário oposto ao mundo real. É o trabalho que realiza *dissensos*, que muda os modos de apresentação sensível e as formas de enunciação, mudando quadros, escalas ou ritmos, construindo relações novas entre a aparência e a realidade, o singular e o comum, o visível e sua significação. Esse trabalho muda as coordenadas do representável; muda nossa percepção dos acontecimentos sensíveis, nossa maneira de relacioná-los com os sujeitos, o modo como nosso mundo é povoado de acontecimentos e figuras. O romance moderno, assim, realizou certa democratização da experiência. Transgredindo as hierarquias entre sujeitos, acontecimentos, percepções e encadeamentos que governavam a ficção clássica, ele contribuiu para uma nova distribuição das formas de vida possíveis para todos. Mas não há princípio de correspondência determinado entre essas micropolíticas da redescrição da experiência e a constituição de coletivos políticos de enunciação.

As formas da experiência estética e os modos da ficção criam assim uma paisagem inédita do visível, formas novas de individualidades e conexões, ritmos diferentes de apreensão do que é dado, escalas novas. Não o fazem da maneira específica da atividade política, que cria formas de enunciação coletiva (*nós*). Mas formam o tecido dissensual no qual se recortam as formas de construção de objetos e as possibilidades de enunciação subjetiva próprias à ação dos coletivos políticos. Enquanto a política propriamente dita consiste na produção de sujeitos que dão voz aos anônimos, a política própria à arte no regime estético consiste na elaboração do mundo sensível do anônimo, dos modos do *isso* e do *eu*, do qual emergem os mundos próprios do *nós* político. Mas, à medida que passa pela ruptura estética, esse efeito não se presta a nenhum cálculo determinável.

Foi essa indeterminação que pretenderam ultrapassar as grandes metapolíticas que atribuíram à arte a tarefa de transformação radical das formas da experiência sensível. Elas quiseram fixar a relação entre o trabalho de produção artística do *isso* e o trabalho de criação política do *nós*, à custa de fazer deles um único e mesmo processo de transformação das formas da vida, à custa de a arte assumir a tarefa de se suprimir na realização de sua promessa histórica.

A "política da arte" é, assim, feita do entrelaçamento de três lógicas: a lógica das formas da experiência estética, a do trabalho ficcional e a das estratégias metapolíticas. Esse entrelaçamento também implica um entrançamento singular e contraditório entre as três formas de eficácia que tentei definir: a lógica representativa que quer produzir efeitos pelas representações, a lógica estética que produz efeitos pela suspensão dos fins representativos e a lógica ética, que quer que as formas da arte e as formas da política se identifiquem diretamente umas com as outras.

A tradição da arte crítica quis articular essas três lógicas numa mesma fórmula. Tentou produzir o efeito ético de mobilização das energias encerrando os efeitos da distância estética na continuidade da relação representativa. Brecht deu a essa tentativa o nome emblemático de *Verfremdung* – um tornar-se-estranho, geralmente traduzido em francês por *"distanciation"*\*. O distanciamento é a indeterminação da relação estética repatriada para o interior da ficção representativa, concentrada em poder de choque de uma heterogeneidade. Essa heterogeneidade – uma história estapafúrdia de venda de um falso elefante, de vendedores de couve-flor dialogando, e outras – devia produzir dois efeitos: por um lado, a estranheza sentida devia dissolver-se na compreensão de suas razões; por outro, devia transmitir intacta a sua força de afeto para transformar essa compreensão em força de revolta. Tratava-se, pois, de fundir num único e mesmo processo o choque estético das sensorialidades diferentes e a correção representativa dos comportamentos, a separação estética e a continuidade ética. Mas não há razão para que o choque de dois modos de sensorialidade se traduza em compreensão das razões das coisas, nem para que esta produza a decisão de mudar o mundo. Essa contradição que habita o dispositivo da obra crítica, porém, não a torna sem efeito. Pode contribuir para transformar o mapa do perceptível e do pensável, para criar novas formas de experiência do sensível, novas distâncias em relação às configurações existentes do que é dado. Mas esse efeito não pode ser uma transmissão calculável entre choque artístico sensível, tomada de consciência intelectual e mobilização política. Não se passa da visão de um espetáculo à compreensão do mundo e da compreensão intelectual a uma decisão de ação. Passa-se de um mundo sensível a outro mundo sensível que define outras tolerâncias e intolerâncias, outras capacidades

---

\* Em português, distanciamento ou estranhamento. [N. da T.]

e incapacidades. O que está em funcionamento são dissociações: ruptura de uma relação entre sentido e sentido, entre um mundo visível, um modo de afeição, um regime de interpretação e um espaço de possibilidades; ruptura dos referenciais sensíveis que possibilitavam a cada um o seu lugar numa ordem das coisas.

A distância entre as finalidades da arte crítica e suas formas reais de eficácia foi sustentável enquanto o sistema de compreensão do mundo e as formas de mobilização política que ele supostamente favorecia eram suficientemente fortes por si mesmos para suportá-la. Mostrou-se a nu a partir do momento em que esse sistema perdeu evidência e essas formas perderam força. Os elementos "heterogêneos" que o discurso crítico reunia na verdade estavam interligados pelos esquemas interpretativos existentes. As performances da arte crítica alimentavam-se da evidência de um mundo dissensual. A pergunta então é: o que aconteceu com a arte crítica quando esse horizonte dissensual perdeu evidência? O que lhe ocorre no contexto contemporâneo de consenso?

A palavra *consenso* significa muito mais que uma forma de governo "moderno" que dê prioridade à especialidade, à arbitragem e à negociação entre os "parceiros sociais" ou os diferentes tipos de comunidade. Consenso significa acordo entre sentido e sentido, ou seja, entre um modo de apresentação sensível e um regime de interpretação de seus dados. Significa que, quaisquer que sejam nossas divergências de ideias e aspirações, percebemos as mesmas coisas e lhes damos o mesmo significado. O contexto de globalização econômica impõe essa imagem de mundo homogêneo no qual o problema de cada coletividade nacional é adaptar-se a um dado sobre o qual ela não tem poder, adaptar a ele seu mercado de trabalho e suas formas de proteção social. Nesse contexto, desvanece-se a evidência da luta contra a dominação capitalista mundial que sustentava as formas da arte crítica ou da contestação artística. As formas de luta contra a inevitabilidade mercantil são cada vez mais identificadas a reações de grupos que defendem seus privilégios arcaicos contra as exigências do progresso. E a extensão da dominação capitalista global é equiparada a uma fatalidade da civilização moderna, da sociedade democrática ou do individualismo de massa.

Nessas condições, o choque "crítico" dos elementos heterogêneos já não encontra analogia no choque político de mundos sensíveis opostos. Tende então a voltar-se para si mesmo. As intenções, os procedimentos e a retórica justificativa do dispositivo crítico quase não variam há décadas. Hoje como ontem, pretende-se denunciar o reinado da mercadoria, de seus ícones ideais e de seus detritos sórdidos por meio de estratégias bem surradas: filmes publicitários parodiados, mangás desvirtuados, sons aposentados de danceterias, personagens de telas publicitárias transformadas em estátuas de resina ou pintadas no estilo heróico do realismo soviético, personagens da Disneylândia transformadas em perversos polimorfos, montagens de fotografias vernaculares de interiores domésticos semelhantes a publicidades de lojas de departamento, lazeres tristes e detritos da civilização consumista; instalações gigantescas de mangueiras e máquinas a representarem o intestino da máquina social que absorve todas as coisas e as transforma em excremento etc., etc. Esses dispositivos continuam ocupando nossas galerias e nossos museus, acompanhados de uma retórica que pretende levar-nos assim a descobrir o poder da mercadoria, o reino do espetáculo ou a pornografia do poder. Mas, como ninguém em nosso mundo é tão distraído que seja preciso chamar-lhe a atenção para tais coisas, o mecanismo gira em torno de si mesmo e se vale da própria indecidibilidade de seu dispositivo. Essa indecidibilidade foi alegorizada de forma monumental na obra de Charles Ray denominada *Revolução. Contrarrevolução*. A obra tem toda a aparência de um carrossel. Mas o artista modificou o mecanismo do carrossel. Desconectou do mecanismo rotativo de conjunto o mecanismo dos cavalos, que andam para trás muito devagar enquanto o carrossel avança. Esse duplo movimento confere sentido literal ao título. Mas esse título também transmite o significado alegórico da obra e de seu estatuto político: uma subversão da máquina do *entertainment*, que é indiscernível do funcionamento da própria máquina. O dispositivo alimenta-se então da equivalência entre a paródia como crítica e a paródia *da* crítica. Vale-se da indecidibilidade da relação entre os dois efeitos. O modelo crítico tende, assim, à autoanulação. Mas há várias maneiras de extrair um balanço. A primeira consiste em diminuir a carga política posta sobre a arte, em reduzir o choque dos elementos heterogêneos ao inventário dos signos de pertença comum e reduzir o peremptório polêmico da dialética à leveza do jogo ou à distância da alegoria. Não voltarei aqui às transformações que comentei em outro lugar[13]. Em compensação, vale a pena demorar-nos na segunda, pois ela ataca o suposto pivô do modelo, a consciência espectadora. Propõe eliminar essa mediação entre a arte produtora de dispositivos visuais e a transformação das relações sociais. Os dispositivos da arte nesse caso apresentam-se diretamente como propostas de relações sociais. Essa é a tese popularizada por Nicolas Bourriaud com o nome de estética relacional: o trabalho da arte, em suas formas novas, superou a antiga produção de objetos para ver. Agora produz diretamente "relações com o mundo", portanto formas ativas de comunidade. Essa produção hoje pode englobar "*meetings*, reuniões, manifestações, diferentes tipos de colaboração entre pessoas, jogos, festas, lugares de convívio, em suma, o conjunto dos modos do encontro e da invenção de relações"[14]. O interior do espaço dos museus e o exterior da vida social aparecem então como dois lugares equivalentes de produção de relações. Mas essa banalização logo mostra seu avesso: a dispersão das obras de arte na multiplicidade das relações sociais só vale para ser vista, seja porque o ordinário da relação na qual não há "nada a ver" está exemplarmente alojado no espaço normalmente destinado à exibição das obras, seja porque, inversamente, a

---

13. Remeto às análises de algumas exposições emblemáticas dessa virada, apresentadas em *Les Destin des images* (La Fabrique, 2003) e *Malaise dont l'esthétique* (Galilée, 2005).
14. Nicolas Bourriaud, *Esthétique relationnelle*, Les Presses du réel, 1998, p. 29.

produção dos elos sociais no espaço público é munida de uma forma artística espetacular. O primeiro caso é emblematizado pelos célebres dispositivos de Rirkrit Tiravanija que põem à disposição dos visitantes de uma exposição um fogareiro, uma chaleira e saquinhos de sopa, destinados a promover a ação, a reunião e a discussão coletiva, ou mesmo uma reprodução de seu apartamento, onde é possível tirar uma soneca, tomar um banho de chuveiro ou preparar uma refeição. O segundo poderia ser ilustrado pelas roupas transformáveis de Lucy Orta, disponíveis para que as pessoas se troquem, se for o caso, em tendas de socorro, ou para ligar diretamente os participantes de uma manifestação coletiva, como o surpreendente dispositivo inflável que não se limitava a interligar as combinações, decoradas de números, de um grupo de manifestantes dispostos em quadrado, mas também exibia a própria palavra ligação (*link*) para significar a unidade daquela multiplicidade. O tornar-se-ação ou tornar-se-elo que substitui a "obra vista" só tem eficácia em ser visto como saída exemplar da arte para fora de si mesma.

Esse vai-e-vem entre a saída da arte para a realidade das relações sociais e a exibição que, só ela, garante sua eficácia simbólica era muito bem manifestada pela obra de um artista cubano, René Francisco, apresentada há quatro anos na Bienal de São Paulo\*. Esse artista utilizou o dinheiro de uma fundação artística para uma pesquisa sobre as condições de vida num bairro carente e, com outros amigos artistas, decidiu reformar a casa de uma idosa daquele bairro. A obra nos mostrava uma tela de tule sobre a qual estava impressa a imagem de perfil da mulher voltada para um monitor no qual um vídeo exibia os artistas trabalhando como pedreiros, pintores ou encanadores. O fato de essa intervenção ter ocorrido num dos últimos países do mundo a identificar-se com o comunismo evidentemente produzia um conflito entre dois tempos e duas ideias de realização da arte. Criava um sucedâneo da grande vontade expressa por Malevitch no tempo da revolução soviética: não fazer qua-

---
\* Bienal de 2004. [N. da T.]

dros, mas construir diretamente as formas da vida nova. Essa construção hoje está reduzida à relação ambígua entre uma política da arte provada pela ajuda à população em dificuldades e uma política da arte simplesmente provada pelo ato de sair dos lugares da arte, por sua intervenção no real. Mas a saída para o real e o serviço para os carentes só ganham sentido quando sua exemplaridade é manifestada no espaço do museu. Nesse espaço, o olhar voltado para o relato visual dessas saídas não se distingue do olhar voltado para os grandes mosaicos ou tapeçarias com os quais numerosos artistas hoje representam a multidão de anônimos ou o âmbito da vida deles. Tal como a tapeçaria de mil e seiscentas fotografias de identidade costuradas juntas pelo artista chinês Bai Yiluo num conjunto que quer evocar – eu o cito – "os elos delicados que unem as famílias e as comunidades". O curto-circuito da arte que cria diretamente formas de relações em vez de formas plásticas é, afinal, o curto-circuito da obra que se apresenta como realização antecipada de seu efeito. Supõe-se que a arte una as pessoas da mesma maneira como o artista costurou juntas as fotografias que ele pegara num estúdio em que trabalhava. A *assemblage* das fotografias assume a função de uma escultura monumental que torna presente *hic et nunc* a comunidade humana que é seu objeto e seu objetivo. O conceito de metáfora, onipresente hoje na retórica dos comissários de exposição, tende a conceitualizar essa identidade antecipada entre a apresentação de um dispositivo sensível de formas, a manifestação de seu sentido e a realidade encarnada desse sentido.

O sentimento desse impasse alimenta a vontade de dar à política da arte um objetivo que não seja a produção de elos sociais em geral, mas uma subversão de elos sociais bem determinados, aqueles que prescrevem as formas do mercado, as decisões dos dominantes e a comunicação midiática. A ação artística identifica-se então com a produção de subversões tópicas e simbólicas do sistema. Na França, essa estratégia foi emblematizada pela ação de um artista, Matthieu Laurette, que decidiu tomar ao pé da letra as promessas dos fabricantes de produtos alimentícios: "Sua satisfação ou seu dinheiro de volta." Assim, ele começou a comprar esses produtos sistematicamente nos supermercados e a expressar insatisfação para receber o dinheiro de volta. Utilizou os estímulos da televisão para incitar todos os consumidores a seguir seu exemplo. Como consequência, a exposição intitulada "Nossa História" no Espaço de Arte Contemporânea de Paris em 2006 apresentava seu trabalho na forma de uma instalação que compreendia três elementos: uma escultura de cera que o mostrava a empurrar um carrinho atulhado de mercadorias; uma parede coberta por telas de tevê, todas reproduzindo sua intervenção televisionada; e ampliações fotográficas de recortes de jornal que relatavam sua iniciativa. Segundo o comissário da exposição, essa ação artística invertia ao mesmo tempo a lógica comercial de aumento do valor e o princípio do show televisionado. Mas a evidência dessa viravolta teria sido muito menos perceptível se houvesse uma única tela de tevê em vez de nove, e se as fotografias de suas ações e dos comentários dos jornais tivessem dimensões normais. A realidade do efeito também estava antecipada na monumentalização da imagem. Essa é uma tendência de muitas obras e exposições hoje em dia, que leva certa forma de ativismo artístico de volta à antiga lógica representativa: a importância do lugar ocupado no espaço do museu serve para provar a realidade de um efeito de subversão na ordem social, assim como a monumentalidade dos quadros históricos provava outrora a grandeza dos príncipes cujos palácios ornavam. Acumulam-se assim os efeitos da ocupação escultural do espaço, da performance viva e da demonstração retórica. Ao encher as salas dos museus de reproduções de objetos e imagens do mundo cotidiano ou de relatos monumentalizados de suas próprias performances, a arte ativista imita e antecipa seu próprio efeito, com o risco de tornar-se a paródia da eficácia que reivindica.

O mesmo risco de eficácia espetacular encerrada em sua própria demonstração apresenta-se quando os artistas assumem a tarefa específica de "infiltrar-se" nas redes de dominação. Penso aqui nas performances dos Yes Men que, com falsas identidades, se insinuam em praças-fortes da dominação: congressos de gente de negócios, onde um deles mistificou a plateia apresentando um inverossímil equipamento de vigilância, comitês de campanha de George Bush ou programas de televisão. Sua performance mais espetacular refere-se à catástrofe de Bhopal na Índia. Um deles conseguiu fazer-se passar na BBC por um dos responsáveis da companhia Dow Chemical, que naquele ínterim havia adquirido a empresa responsável, Union Carbide. Com essa identidade, anunciou em horário nobre que a companhia reconhecia sua responsabilidade e comprometia-se a indenizar as vítimas. Duas horas depois, evidentemente, a companhia reagia e declarava que só tinha responsabilidade perante seus acionistas. Era exatamente esse o efeito buscado, e a demonstração era perfeita. Resta saber se essa performance bem-sucedida de mistificação da mídia tem o poder de provocar formas de mobilização contra as potências internacionais do capital. Ao fazer o balanço de sua infiltração dos comitês de campanha para a eleição de George Bush em 2004, os Yes Men falavam de um sucesso total que fora ao mesmo tempo um fracasso total: sucesso total porque tinham mistificado seus adversários ao assumirem as razões e as maneiras deles. Fracasso total porque a ação deles fora perfeitamente indiscernível[15]. Só era discernível, realmente, fora da situação na qual se inseria, exposta em outros lugares como performance de artistas.

Esse é o problema inerente a tal política da arte como ação direta no coração da realidade da dominação. Essa saída da arte para fora de seus lugares assume ares de demonstração simbólica, semelhante às que a ação política fazia há algum tempo quando mirava alvos simbólicos do poder do adversário. Mas precisamente o golpe desferido no adversário por uma ação simbólica deve ser julgado como ação política: não se trata então de saber se ela é uma saída bem-sucedida da solidão artística em direção à realidade

---

15. Intervenção dos Yes Men na conferência *Klartext! Der Status des politischen in aktueller Kunst und Kultur*, Berlim, 16 de janeiro de 2005.

das relações de poder, mas sim que forças ela dá à ação coletiva contra as forças da dominação que toma como alvo. Trata-se de saber se a capacidade então exercida significa a afirmação e a ampliação da capacidade de qualquer um. Essa questão é obliterada quando se cruzam os critérios de juízo ao se identificarem diretamente as performances individuais dos virtuoses da infiltração com uma nova forma política de ação coletiva. O que sustenta essa identificação é a visão de uma nova era do capitalismo em que a produção material e imaterial, o saber, a comunicação e a performance artística se fundiriam num único e mesmo processo de realização do poder da inteligência coletiva. Mas, assim como há muitas formas de realização da inteligência coletiva, há também muitas formas e cenas de performance. A visão do novo artista imediatamente político pretende opor a realidade da ação política aos simulacros da arte encerrada nos recintos dos museus. Mas, ao revogar a distância estética inerente à política da arte, o efeito talvez seja inverso. Ao eliminar a distância entre política da estética e estética da política, ela também elimina a singularidade das operações por meio das quais a política cria uma cena de subjetivação própria. E, paradoxalmente, exagera a visão tradicional do artista como virtuose e estrategista, ao identificar de novo a efetividade da arte com a execução das intenções dos artistas.

A política da arte, portanto, não pode resolver seus paradoxos na forma de intervenção fora de seus lugares, no "mundo real". Não há mundo real que seja o exterior da arte. Há pregas e dobras do tecido sensível comum nas quais se jungem e desjungem a política da estética e a estética da política. Não há real em si, mas configurações daquilo que é dado como nosso real, como o objeto de nossas percepções, de nossos pensamentos e de nossas intervenções. O real é sempre objeto de uma ficção, ou seja, de uma construção do espaço no qual se entrelaçam o visível, o dizível e o factível. É a ficção dominante, a ficção consensual, que nega seu caráter de ficção fazendo-se passar por realidade e traçando uma linha de divisão simples entre o domínio desse real e o das representações e aparências, opiniões e utopias. A ficção artística e a ação política sulcam, fraturam e multiplicam esse real de um modo polêmico. O trabalho da política que inventa sujeitos novos e introduz objetos novos e outra percepção dos dados comuns é também um trabalho ficcional. Por isso, a relação entre arte e política não é uma passagem da ficção para a realidade, mas uma relação entre duas maneiras de produzir ficções. As práticas da arte não são instrumentos que forneçam formas de consciência ou energias mobilizadoras em proveito de uma política que lhes seja exterior. Mas tampouco saem de si mesmas para se tornarem formas de ação política coletiva. Contribuem para desenhar uma paisagem nova do visível, do dizível e do factível. Forjam contra o consenso outras formas de "senso comum", formas de um senso comum polêmico.

A involução da fórmula crítica não deixa lugar apenas à alternativa da paródia desencantada ou da autodemonstração ativista. O refluxo de certas evidências abre também caminho para uma multidão de formas dissensuais: as que se empenham em mostrar o que permanece invisível na suposta enxurrada de imagens; as que põem em ação, com formas inéditas, as capacidades de representar, falar e agir que pertencem a todos; as que deslocam as linhas de divisão entre os regimes de apresentação sensível, as que reexaminam e reconvertem em ficção as políticas da arte. Há lugar para a multiplicidade das formas de uma arte crítica, entendida de outro modo. Em seu sentido original, "crítica" quer dizer: o que concerne à separação, à discriminação. Crítica é a arte que desloca as linhas de separação, que introduz separação no tecido consensual do real e, por isso mesmo, embaralha as linhas de separação que configuram o campo consensual do que é dado, como a linha que separa o documentário da ficção: distinção em gêneros que separa principalmente dois tipos de humanidade, a que sofre e a que age, a que é objeto e a que é sujeito. A ficção é para os israelenses e o documentário, para os palestinos, dizia ironicamente Godard. É essa a linha embaralhada por inúmeros artistas palestinos ou libaneses – mas também israelenses –, que, para tratar da atualidade da ocupação e da guerra, tomam formas ficcionais a partir de diversos gêneros, populares ou sofisticados, ou criam falsos arquivos. Podem ser chamadas de críticas as ficções que assim questionam as linhas de separação entre regimes de expressão, tanto quanto as performances que "invertem o ciclo de degradação produzido pela vitimização"[16], manifestando as capacidades de falar e representar que pertencem àqueles e àquelas que dada sociedade relega às suas margens "passivas". Mas o trabalho crítico, o trabalho sobre a separação é também o que examina os limites próprios à sua prática, que se recusa a antecipar seu efeito e leva em conta a separação estética através da qual esse efeito é produzido. É, em suma, um trabalho que, em vez de pretender suprimir a passividade do espectador, reexamina a sua atividade.

Gostaria de ilustrar essa frase com duas ficções que, da própria distância em que estão sobre a superfície plana de uma tela, podem ajudar-nos a reformular a questão das relações entre os poderes da arte e a capacidade política da maioria. A primeira é o vídeo de Anri Sala, *Dammi i Colori*. Este põe de novo em cena uma figura mestra entre as políticas da arte: a reflexão sobre a arte como construção de formas sensíveis da vida coletiva. Há alguns anos, o prefeito da capital albanesa, Tirana, que é pintor, decidiu mandar repintar de cores vivas as fachadas dos prédios de sua cidade. A intenção era não só transformar o ambiente vital dos habitantes, mas também provocar um senso estético de apropriação coletiva do espaço, quando o desmantelamento do regime comunista dava lugar apenas a expedientes individuais. Era, portanto, um projeto que se inscrevia no prolongamento do tema schilleriano da educação estética do ser humano e de todas as formas dadas a essa "educação" pelos artistas das *Arts and Crafts*, do *Werkbund* ou do *Bauhaus*: a criação de uma maneira apropriada de habitar em conjunto o mundo sensível, por meio do sentido da linha, do volume, da cor ou do ornamento. O vídeo de Anri Sala deixa-nos

---

16. Entrevista com John Malpede, www.inmotionmagazine.com/jm1.html (John Malpede é diretor do Los Angeles Poverty Department, instituição teatral alternativa que, ironicamente, retomou as famosas iniciais LAPD).

ouvir o prefeito artista falar do poder da cor para antecipar uma comunidade e fazer da capital mais pobre da Europa a única onde todos falam de arte nas ruas e nos cafés. Mas, também, os longos *travellings* e os *closes* estilhaçam a exemplaridade dessa cidade estética, põem à mostra outras superfícies coloridas, outras cidades que são confrontadas com as palavras do orador. A câmera, fazendo desfilar fachadas azuis, verdes, vermelhas, amarelas ou alaranjadas, parece levar-nos a visitar um projeto urbanístico em implantação. Outras vezes, ela põe uma multidão indiferente a atravessar aquela cidade-modelo, ou então se abaixa para confrontar a policromia feérica das paredes à lama das calçadas esburacadas e cobertas de detritos. Algumas vezes também aproxima-se e transforma os quadrados coloridos em áreas abstratas, indiferentes a qualquer projeto de transformação da vida. A superfície da obra organiza assim a tensão entre a cor projetada pela vontade estética nas fachadas e a cor restituída pelas fachadas. Os recursos de uma arte da distância servem para expor e problematizar a política que quer fundir arte e vida num único processo de criação de formas.

É outra função da cor e outra política da arte que se encontram no cerne dos três filmes (*Ossos, No quarto da Vanda* e *Juventude em marcha*) que o cineasta português Pedro Costa dedicou a um pequeno grupo de marginais lisboetas e imigrantes cabo-verdianos, que flutuam entre drogas e bicos no "bairro de lata" de Fontainhas. Essa trilogia é a obra de um artista profundamente engajado. No entanto, nem lhe passa pela cabeça dar uma mãozinha no hábitat dos mal-alojados, tampouco apresentar alguma explicação para a lógica econômica e estatal global que governa a existência do "bairro de lata" e depois a sua extinção. E, contrariando a moral aceita, que nos veda "estetizar" a miséria, Pedro Costa parece aproveitar a oportunidade para valorizar os recursos artísticos apresentados por aquele cenário de vida minimalista. Uma garrafa de água de plástico, uma faca, um copo, alguns objetos largados sobre uma mesa de madeira branca num apartamento invadido, mais a luz rasante sobre o tampo, aí está a oportunidade para uma bela natureza-morta. Quando a noite cai naquele alojamento sem eletricidade, duas pequenas velas sobre a mesma mesa darão à conversa miserável ou à sessão de heroína na veia certo ar de claro-escuro holandês do Século de Ouro. E o trabalho das escavadeiras demolindo o bairro é a oportunidade de pôr em destaque, com o desmoronamento das casas, os blocos esculturais de concreto ou largas paredes contrastantes em cores azul, rosa, amarelo ou verde. Mas essa "estetização" significa justamente que o território intelectual e visualmente banalizado da miséria e da margem é devolvido à sua potencialidade de riqueza sensível compartilhável. À exaltação das áreas coloridas e das arquiteturas singulares pelo artista corresponde, portanto, estritamente sua exposição àquilo que ele não domina: as idas e vindas das pessoas entre os lugares fechados da droga e o exterior onde elas se entregam a diversos pequenos afazeres, mas também a lentidão, as aproximações, as paradas e as retomadas da fala por meio da qual os jovens drogados extraem da tosse e do abatimento a possibilidade de dizer e pensar sua própria história, de pôr a vida em exame e de, assim, retomar sua posse, por pouco que seja. A natureza morta luminosa, composta com uma garrafa de plástico e alguns objetos reaproveitados sobre a mesa de madeira branca de um apartamento invadido está assim em harmonia com a obstinação "estética" de um daqueles invasores que, a despeito dos protestos de seus companheiros, limpa meticulosamente com sua faca as manchas da mesa fadada aos dentes da escavadeira.

  Pedro Costa põe assim em ação uma política da estética tão afastada da visão sociológica segundo a qual "política" da arte significa explicação de uma situação – ficcional ou real – pelas condições sociais, quanto da visão ética que pretende substituir a "impotência" do olhar e da palavra pela ação direta. Ao contrário, o que está no cerne de seu trabalho é o poder do olhar e da palavra, o poder do suspense que eles instauram. Pois a questão política é, em primeiro lugar, a capacidade de corpos quaisquer se apoderarem de seu destino. Por isso, Costa se concentra na relação entre a impotência e o poder dos corpos, no confronto das vidas com aquilo que elas podem. Coloca-se assim no nó da relação entre uma política da estética e uma estética da política. Mas também assume sua separação, a distância entre a proposta artística que confere potencialidades novas à paisagem da "exclusão" e os poderes próprios da subjetivação política. À reconciliação estética que *No quarto da Vanda* parecia encarnar-se na relação entre a bela natureza-morta e o esforço dos corpos a recuperarem sua voz, o filme seguinte, *Juventude em marcha*, opõe uma cisão nova. Aos marginais regenerados, reconvertidos – uma, mãe de família bem falante, outro, empregado-modelo – ele confronta a silhueta trágica de Ventura, imigrante cabo-verdiano, ex--pedreiro incapacitado para o trabalho por uma queda do andaime e para a vida social normal por uma fissura mental. Com Ventura, sua silhueta alta, seu olhar selvagem e sua fala lapidar, o intuito não é oferecer o documentário de uma vida difícil; trata-se, ao mesmo tempo, de colher toda a riqueza de experiência contida na história da colonização, da rebelião e da imigração, mas também de enfrentar o incompartilhável, a fissura que, no fim dessa história, separou um indivíduo de seu mundo e de si mesmo. Ventura não é um "trabalhador imigrante", um humilde a quem caberia devolver a dignidade e o gozo do mundo que ele ajudou a construir. Ele é uma espécie de errante sublime, de Édipo ou de rei Lear, que interrompe por si mesmo a comunicação e o intercâmbio e expõe a arte a confrontar seu poder e sua impotência. É o que o filme faz quando enquadra uma estranha visita ao museu entre duas leituras de uma carta de amor e de exílio. Na fundação Gulbenkian, cujas paredes Ventura ajudou outrora a construir, sua silhueta negra, entre um Rubens e um Van Dyck, aparece como um corpo estranho, um intruso delicadamente empurrado para a saída por um compatriota que encontrou refúgio naquele "mundo antigo", mas também uma interrogação feita àquelas áreas coloridas encerradas em molduras, incapazes de devolver aos que as olham a riqueza sensível de sua experiência. No alojamento miserável onde o cineasta soube compor outra natureza-morta com quatro garrafas diante de uma janela, Ventura lê uma carta de amor endereçada àquela que ficou na terra, carta em que o ausente fala do trabalho e da separação, mas também de um reencontro próximo que embelezará duas vidas por vinte ou trinta anos, do sonho de oferecer à amada cem mil cigarros, vestidos, um carro, uma casinha de lava e um buquê de quatro tostões, e do esforço de aprender a cada dia palavras novas, palavras bonitas, talhadas na medida única de dois seres como um pijama de seda fina. Essa carta que serve de refrão ao filme aparece propriamente como a performance de Ventura, performance de uma arte da divisão, que não se separa da vida, da experiência dos deslocados e de seus meios de preencher a ausência e aproximar-se do ser amado. Mas a pureza da oposição entre a grande arte e a arte viva do povo logo se embaralha. Pedro Costa compôs a carta a partir de duas fontes diferentes: verdadeiras cartas de emigrantes e uma carta de poeta, uma das últimas cartas enviadas por Robert Desnos a Youki de um campo de concentração em Flöha, no caminho que o levava a Terezin e à morte.

 A arte ligada à vida, a arte tecida de experiências compartilhadas do trabalho da mão, do olhar e da voz, essa arte só existe na forma desse *patchwork*. O cinema não pode ser o equivalente da carta de amor ou da música compartilhada dos pobres. Também não pode ser a arte que simplesmente devolve aos humildes a riqueza sensível de seu mundo. Ele precisa separar-se, consentir em ser apenas a superfície em que um artista procura traduzir em figuras novas a experiência daqueles que foram relegados à margem das circulações econômicas e das trajetórias sociais. O filme, que põe em questão a separação estética em nome da arte do povo continua sendo um filme, um exercício do olhar e da audição. Continua sendo um trabalho de espectador, endereçado na superfície plana de uma tela a outros espectadores, cujo número e diversidade será estritamente restringido pelo sistema de distribuição existente, arrolando a história de Vanda e de Ventura na categoria dos "filmes de festival" ou de obras de museu. Filme político hoje em dia talvez também queira dizer filme que se faz em lugar de outro, filme que mostra sua distância com o modo de circulação de palavras, sons, imagens, gestos e afetos, em cujo âmago ele pensa o efeito de suas formas.

Ao citar essas duas obras, eu não quis propor modelos daquilo que deve ser arte política hoje. Espero ter mostrado suficientemente que tais modelos não existem. Cinema, fotografia, vídeo, instalações e todas as formas de performance do corpo, da voz e dos sons contribuem para reconstruir o âmbito de nossas percepções e o dinamismo de nossos afetos. Com isso, abrem passagens possíveis para novas formas de subjetivação política. Mas nenhum deles pode evitar a ruptura estética que separa os efeitos das intenções e veda qualquer via larga para uma realidade que estaria do outro lado das palavras e das imagens. Não há outro lado. Arte crítica é uma arte que sabe que seu efeito político passa pela distância estética. Sabe que esse efeito não pode ser garantido, que ele sempre comporta uma parcela de indecidível. Mas há duas maneiras de pensar esse indecidível e de trabalhar com ele. Há aquela que o considera um estado do mundo em que os opostos se equivalem e transforma a demonstração dessa equivalência em oportunidade para um novo virtuosismo artístico. E há aquela que reconhece aí o entrelaçamento de várias políticas, confere figuras novas a esse entrelaçamento, explora suas tensões e desloca assim o equilíbrio dos possíveis e a distribuição das capacidades.

# A imagem intolerável

O que torna uma imagem intolerável? A pergunta parece de início indagar apenas que características nos tornam incapazes de olhar uma imagem sem sentir dor ou indignação. Mas uma segunda pergunta logo se mostra implicada na primeira: será tolerável criar tais imagens ou propô-las à visão alheia? Pensemos em uma das últimas provocações do fotógrafo Oliviero Toscani: o cartaz que mostrava uma jovem anoréxica nua e descarnada, afixado por toda a Itália durante a semana da Moda de Milão em 2007. Alguns a saudaram como denúncia corajosa, mostrando a realidade do sofrimento e da tortura oculta por trás das aparências da elegância e do luxo. Outros denunciaram essa exibição da verdade do espetáculo como uma forma ainda mais intolerável de seu reinado, pois, sob a máscara da indignação, ela oferecia ao olhar dos observadores não só a bela aparência, mas também a realidade abjeta. O fotógrafo opunha à imagem da aparência uma imagem da realidade. Ora, a imagem da realidade é que é suspeita, por sua vez. Considera-se que o que ela mostra é real demais, intoleravelmente real demais para ser proposto no modo da imagem. Não é uma simples questão de respeito pela dignidade das pessoas. A imagem é declarada inapta para criticar a realidade porque faz parte do mesmo regime de visibilidade daquela realidade, que exibe alternadamente sua face de aparência brilhante e seu avesso de verdade sórdida que compõem um único e mesmo espetáculo.

Esse deslocamento do intolerável na imagem para o intolerável da imagem esteve no cerne das tensões que afetaram a arte política. Todos conhecem o papel que, no tempo da guerra do Vietnã, desempenharam algumas fotografias, como a da menina nua a gritar na rua diante dos soldados. Todos sabem como os artistas engajados se esmeraram em confrontar a realidade daquelas imagens de dor e morte com as imagens publicitárias que mostravam a alegria de viver em belos apartamentos modernos e bem equipados no país que enviava soldados para incendiarem as terras vietnamitas com napalm. Comentei acima a série *Bringing the War Home* de Martha Rosler, sobretudo aquela colagem que nos mostrava, no meio de um apartamento claro e espaçoso, um vietnamita com uma criança morta nos braços. A criança morta era a intolerável realidade ocultada pela confortável vida americana, a intolerável realidade que ela se esforçava por não ver e que a montagem da arte política lhe lançava ao rosto. Ressaltei que esse choque entre realidade e aparência é anulado em práticas contemporâneas da colagem, que fazem do protesto político uma manifestação da moda jovem no mesmo nível das mercadorias de luxo e das imagens publicitárias. Não haveria então nenhuma intolerável realidade que a imagem pudesse opor ao prestígio das aparências, mas um único e mesmo fluxo de imagens, um único e mesmo regime de exibição universal, e é esse regime que constituiria hoje o intolerável.

Essa viravolta não é simplesmente causada pelo desencanto de um mundo que já não acreditasse nos meios de comprovar uma realidade nem na necessidade de combater a injustiça. Ela reflete uma duplicidade que já estava presente no uso militante da imagem intolerável. Esperava-se que a imagem da criança morta dilacerasse a imagem de felicidade factícia da vida americana; esperava-se que ela abrisse os olhos daqueles que gozavam tal felicidade com base no intolerável daquela realidade e de sua própria cumplicidade, para engajá-los na luta. Mas a produção desse efeito permanecia indecidível. A visão da criança morta no belo apartamento de paredes claras e grandes dimensões por certo é difícil de suportar. Mas não há razão particular para que ela torne os que a veem conscientes da realidade do imperialismo e desejosos de opor-se a ele. A reação comum a tais imagens é fechar os olhos ou desviar o olhar. Ou então incriminar os horrores da guerra e a loucura assassina dos homens. Para que a imagem produza efeito político, o espectador deve estar já convencido de que aquilo que ela mostra é o imperialismo americano, e não a loucura dos homens em geral. Deve também estar convencido de que ele mesmo é culpado de compartilhar a prosperidade baseada na exploração imperialista do mundo. Deve também sentir-se culpado de estar lá a nada fazer, a olhar aquelas imagens de dor e morte em vez de lutar contra as potências responsáveis por elas. Em suma, deve sentir-se já culpado de olhar a imagem que deve provocar o seu sentimento de culpa.

Tal é a dialética inerente à montagem política das imagens. Uma delas deve desempenhar o papel da realidade que denuncia a miragem da outra. Mas denuncia ao mesmo tempo a miragem como realidade de nossa vida na qual ela mesma está incluída. O simples fato de olhar as imagens que denunciam a realidade de um sistema já se mostra como cumplicidade nesse sistema. Na época em que Martha Rosler construía sua série, Guy Debord rodava o filme extraído de seu livro *A sociedade do espetáculo*. Dizia ele que o espetáculo é a inversão da vida. Em seu filme essa realidade do espetáculo como inversão da vida era mostrada encarnada também em toda e qualquer imagem: a dos governantes – capitalistas ou comunistas –, a dos astros do cinema, dos modelos de moda, de modelos publicitários, das *starlets* nas praias de Cannes ou de consumidores comuns de mercadorias e imagens. Todas essas imagens eram equivalentes, diziam de modo semelhante a mesma realidade intolerável: a de nossa vida separada de nós mesmos, transformada pela máquina do espetáculo em imagens mortas, diante de nós, contra nós. A partir daí parecia impossível conferir a qualquer imagem o poder de mostrar o intolerável e de nos levar a lutar contra ele. A única coisa por fazer parecia ser opor a ação viva à passividade da imagem, à sua vida alienada. Mas, para isso, acaso não seria preciso abolir as imagens, mergulhar a tela no preto, a fim de convocar à ação, única capaz de opor-se à mentira do espetáculo?

Ora, Guy Debord não mergulhava a tela no preto[17]. Ao contrário, fazia da tela o teatro de um jogo estratégico singular entre três termos: imagem, ação e palavra. Essa singularidade aparece bem nos trechos de *westerns* ou de filmes de guerra hollywoodianos inseridos na *Sociedade do espetáculo*. Quando vemos o desfile de John Wayne ou Errol Flynn, dois ícones de Hollywood e dois campeões da extrema direita americana, quando um lembra seus feitos em Shenandoah, ou quando o outro, de espada em punho, arremete no papel do general Custer, de início somos tentados a ver uma denúncia paródica do imperialismo americano e de sua glorificação pelo cinema hollywoodiano. É nesse sentido que muitos compreendem o "desvio" preconizado por Guy Debord. Ora, isso é um contrassenso. É com muita seriedade que ele introduz a arremetida de Errol Flynn, extraída de *O intrépido General Custer* de Raoul Walsh, para ilustrar uma tese sobre o papel histórico do proletariado. Ele não nos pede que zombemos daqueles bravos ianques arremetendo de sabre em punho, e que tomemos consciência da cumplicidade de Raoul Walsh ou de John Ford com a dominação imperialista. Pede-nos que acatemos o heroísmo do combate e transformemos aquela arremetida cinematográfica, desempenhada por atores, em assalto real contra o império do espetáculo. É a conclusão aparentemente paradoxal, mas muito lógica, da denúncia do espetáculo: se toda imagem simplesmente mostra a vida invertida, tornada passiva, basta virá-la para desencadear o poder ativo que ela desviou. Essa é a lição dada, de maneira mais discreta, pelas primeiras imagens do filme. Nelas vemos duas jovens e

---

17. Cabe lembrar que ele fizera isso, em contrapartida, num filme anterior, *Hurlements en faveur de Sade* [Uivos para Sade].

belos corpos femininos irradiando alegria na luz. O espectador apressado corre o risco de ver nisso a denúncia da posse imaginária oferecida e subtraída pela imagem, ilustrada mais adiante por outras imagens de corpos femininos – *strippers*, manequins, *starlets* nuas. Ora, essa aparente semelhança encobre uma oposição radical. Pois essas primeiras imagens não foram extraídas de espetáculos, publicidades ou atualidades cinematográficas. Foram feitas pelo artista e representam sua companheira e uma amiga. Aparecem, assim, como imagens ativas, imagem de corpos empenhados nas relações ativas do desejo amoroso, em vez de estarem fechados na relação passiva do espetáculo.

Assim, é preciso imagens de ação, imagens da verdadeira realidade ou imagens imediatamente invertíveis em sua realidade verdadeira, para nos mostrar que o simples fato de ser espectador, o simples fato de olhar imagens é uma coisa ruim. A ação é apresentada como única resposta ao mal da imagem e à culpa do espectador. No entanto, o que se apresenta a esse espectador ainda são imagens. Esse aparente paradoxo tem sua razão: se não olhasse imagens, o espectador não seria culpado. Ora, ao acusador importa mais a demonstração de sua culpa do que sua conversão à ação. É aí que ganha toda a importância a voz que formula a ilusão e a culpa. Ela denuncia a inversão da vida que consiste em ser consumidor passivo de mercadorias que são imagens e de imagens que são mercadorias. Diz que a única resposta a esse mal é a atividade. Mas também nos diz que nós, que olhamos as imagens por ela comentadas, nunca agiremos, permaneceremos eternamente espectadores de uma vida que passou para a imagem. A inversão da inversão fica, assim, como saber reservado daqueles que sabem por que ficaremos sempre a não saber, a não agir. A virtude da atividade, oposta ao mal da imagem, é então absorvida pela autoridade da voz soberana que estigmatiza a vida falsa na qual ela sabe que estamos condenados a nos comprazer.

A afirmação da autoridade da voz aparece assim como o conteúdo real da crítica que nos levava do intolerável na imagem ao intolerável da imagem. Esse deslocamento é totalmente aclarado pela crítica da imagem em nome do irrepresentável. A ilustração exemplar disso foi dada pela polêmica ocorrida em torno da exposição *Mémoires des camps*\*, apresentada há alguns anos em Paris. No centro da exposição havia quatro pequenas fotografias tiradas de uma câmara de gás em Auschwitz por um membro dos Sonderkommandos. As fotografias mostravam um grupo de mulheres nuas empurradas para a câmara de gás e a incineração dos cadáveres ao ar livre. No catálogo da exposição, um longo ensaio de Georges Didi-Huberman ressaltava o peso da realidade representada por aqueles "Quatro pedaços de película arrancados do Inferno"[18]. Esse ensaio provocava em *Les Temps modernes* duas respostas muito violentas. A primeira, assinada por Élisabeth Pagnoux, valia-se do argumento clássico: as imagens eram intoleráveis porque demasiadamente reais. Ao projetarem em nosso presente o horror de Auschwitz, capturavam nosso olhar e impediam qualquer distância crítica. Mas a segunda, assinada por Gérard Wajcman, invertia o argumento: aquelas imagens e o comentário que as acompanhava eram intoleráveis porque mentiam; as quatro fotos não representavam a realidade da Shoah por três razões: primeiro, porque não mostravam o extermínio dos judeus na câmara de gás; segundo, porque o real nunca é inteiramente solúvel no visível; terceiro, porque no cerne do acontecimento da Shoah há um irrepresentável, algo que não pode ser estruturalmente congelado numa imagem. "As câmaras de gás são um acontecimento que constitui em si mesmo uma espécie de aporia, um real infrangível que transpassa e põe em xeque o estatuto da imagem e em perigo qualquer reflexão sobre as imagens."[19]

A argumentação seria razoável se pretendesse simplesmente contestar que as quatro fotografias tivessem o poder de apresentar a totalidade do processo de extermínio

---

\* Memórias dos campos de concentração, janeiro-março de 2001. [N. da T.]
18. Esse ensaio é reproduzido, com comentários e respostas às críticas, em Georges Didi-Huberman. *Images malgré tout*. Éditions de Minuit, Paris, 2003.
19. Gérard Wajcman, "De la croyance photographique", *Les Temps modernes*, março-abril-maio de 2001, p. 63.

dos judeus, seu significado e sua ressonância. Mas aquelas fotografias, nas condições em que foram tomadas, evidentemente não tinham essa pretensão, e o argumento visa de fato algo bem diferente: visa instaurar uma oposição radical entre dois tipos de representação, a imagem visível e a narrativa pela palavra, dois tipos de atestação, a prova e o testemunho. As quatro imagens e o comentário são condenados porque aqueles que tiraram as fotos – com risco de vida – e aquele que as comenta viram nelas testemunhos da realidade de um extermínio cujos vestígios seus autores fizeram de tudo para apagar. Foram criticados por terem acreditado que a realidade do processo tinha necessidade de ser provada, e que a imagem visível constituía uma prova. Ora – retorque o filósofo – "A Shoah ocorreu. Sei disso e todos sabem. É um saber. Cada sujeito é chamado a ela. Ninguém pode dizer: 'não sei'. Esse saber baseia-se no testemunho, que constitui um novo saber [...] Não exige prova alguma"[20]. Mas o que é exatamente esse "novo saber"? O que distingue a virtude do testemunho da indignidade da prova? Aquele que testemunha com um relato aquilo que viu num campo de extermínio trabalha com uma representação, tanto quanto aquele que procurou registrar algum vestígio visível dele. Sua palavra tampouco diz o acontecimento em sua unicidade, não é seu horror diretamente manifestado. Haverá quem diga que esse é seu mérito: não dizer tudo, mostrar que nem tudo pode ser dito. Mas isso não fundamenta a diferença radical em relação à "imagem", a não ser que atribuamos arbitrariamente a esta a pretensão de mostrar tudo. A virtude conferida à palavra da testemunha é então totalmente negativa: não está naquilo que ela disse, mas em sua própria insuficiência, em oposição à suficiência atribuída à imagem, ao engodo dessa suficiência. Mas esta é pura questão de definição. Se nos limitarmos à simples definição de imagem como duplo, sem dúvida chegaremos à simples conclusão de que esse duplo se opõe à unicidade do Real e, assim, só pode apagar o horror inigualável do extermínio. A imagem tranquiliza, diz Wajcman. A prova é que

---

20. *Ibid.*, p. 53.

olhamos essas fotografias, ao passo que não suportaríamos a realidade que elas reproduzem. A única falha desse argumento de autoridade é que aqueles que viram aquela realidade, sobretudo os que fizeram as imagens, devem tê-la suportado. Mas é isso, justamente, o que o filósofo critica no fotógrafo casual: o fato de ter *desejado* testemunhar. A verdadeira testemunha é aquela que não quer testemunhar. Essa é a razão do privilégio atribuído à sua palavra. Mas esse privilégio não é dela. É o da palavra que a obriga a falar contra a vontade.

É isso o que ilustra uma sequência exemplar do filme que Gérard Wajcman opõe a todas as provas visuais e a todos os documentos de arquivos; trata-se de *Shoah* de Claude Lanzmann, filme baseado no testemunho de alguns sobreviventes. A sequência é a do salão de cabeleireiro onde o ex-cabeleireiro de Treblinka, Abraham Bomba, conta a chegada e a última tosa daqueles que se preparavam para entrar na câmara de gás. No centro do episódio está o momento em que Abraham Bomba, lembrando o destino dos cabelos cortados, recusa-se a continuar e, com uma toalha, enxuga as lágrimas que começam a cair. A voz do diretor insiste para que ele continue: "Você precisa, Abe". Mas, se precisa, não é para revelar uma verdade ignorada que caberia opor àqueles que a negam. E, de qualquer modo, nem ele sequer dirá o que ocorria na câmara de gás. Precisa simplesmente porque precisa. Precisa porque não quer, porque não pode. O que importa não é o conteúdo de seu testemunho, mas o fato de sua palavra ser a palavra de alguém cuja possibilidade de falar é truncada pelo intolerável do acontecimento; é o fato de que ele fala apenas porque é obrigado a tanto pela voz de outro. Essa voz do outro no filme é do diretor, mas ela projeta atrás de si uma outra voz em que o comentador, a seu talante, reconhecerá a lei da ordem simbólica lacaniana ou a autoridade do deus que proscreve as imagens, fala a seu povo na coluna de nuvem, pedindo-lhe que acredite nele com base na palavra e o obedeça incondicionalmente. A palavra da testemunha é sacralizada por três razões negativas: primeiro porque se opõe à imagem, que é idolatria; segundo, porque é a palavra do homem incapaz de falar; terceiro porque é a palavra do homem obrigado à palavra por uma palavra mais poderosa que a sua. A crítica às imagens não lhes opõe, definitivamente, nem as exigências de ação nem a retenção da palavra. Opõe-lhes a autoridade da voz que faz, alternadamente, calar e falar.

 Mas, também nesse caso, a oposição é posta à custa de ser logo revogada. A força do silêncio que traduz o irrepresentável do acontecimento só existe por sua representação. O poder da voz oposta às imagens deve exprimir-se em imagens. A recusa de falar e a obediência à voz que comanda, portanto, devem tornar-se visíveis. Quando o barbeiro interrompe a narrativa, quando já não consegue falar, e a voz em *off* lhe pede que continue, o que entra em jogo, o que serve de testemunho, é a emoção em seu rosto, as lágrimas que ele retém e precisa enxugar. Wajcman comenta assim o trabalho do cineasta: "[...] para fazer surgir câmaras de gás, ele filma pessoas e palavras, testemunhas no ato atual de lembrar-se, em cujo rosto as lembranças passam como numa tela de cinema, em cujos olhos se discerne o horror que viram [...]"[21]. O argumento do irrepresentável cai então num jogo duplo. Por um lado, opõe a voz da testemunha à mentira da imagem. Mas, quando a voz cessa, é a imagem do rosto sofrido que passa a ser a evidência visível daquilo que os olhos da testemunha viram, a imagem visível do horror do extermínio. E o comentador, que declarava ser impossível fazer a distinção, na fotografia de Auschwitz, entre mulheres enviadas para a morte e um grupo de nudistas a passeio, parece não ter dificuldade alguma em distinguir o pranto que reflete o horror das câmaras de gás do pranto que em geral expressa uma lembrança dolorosa para um coração sensível. A diferença, na verdade, não está no conteúdo da imagem: está simplesmente no fato de que a primeira é um testemunho voluntário, enquanto a segunda é um testemunho involuntário. A virtude da (boa) testemunha é ser aquela que obedece simplesmente a dois golpes: o da Realidade que horroriza e o da palavra do Outro que obriga.

---

21. *Ibid.*, p. 55.

Por isso, a irredutível oposição entre palavra e imagem pode tornar-se, sem problema, oposição entre duas imagens: a que é desejada e a que não o é. Mas a segunda, obviamente, é desejada por outro. Ela é desejada pelo cineasta que, por sua vez, não para de afirmar que é, em primeiro lugar, artista, e que tudo o que vemos e ouvimos em seu filme é produto de sua arte. O jogo duplo do argumento nos ensina então a pôr em questão, com o falso radicalismo da oposição, o simplismo das ideias de representação e de imagem nas quais ela se apoia. Representação não é o ato de produzir uma forma visível; é o ato de dar um equivalente, coisa que a palavra faz tanto quanto a fotografia. A imagem não é o duplo de uma coisa. É um jogo complexo de relações entre o visível e o invisível, o visível e a palavra, o dito e o não dito. Não é a simples reprodução daquilo que esteve diante do fotógrafo ou do cineasta. É sempre uma alteração que se instala numa cadeia de imagens que a altera por sua vez. E a voz não é a manifestação do invisível, em oposição à forma visível da imagem. Ela também faz parte do processo de construção da imagem. É a voz de um corpo que transforma um acontecimento sensível em outro, esforçando-se por nos fazer "ver" o que ele viu, por nos fazer ver o que ele nos disse. A retórica e a poética clássicas nos ensinaram: há imagens na linguagem também. São todas aquelas figuras que substituem uma expressão por outra para nos fazerem experimentar a textura sensível de um acontecimento melhor do que o fariam as palavras "próprias". Há, também, figuras de retórica e de poética no visível. As lágrimas suspensas nos olhos do cabeleireiro são a marca de sua emoção. Mas essa emoção, por sua vez, é produzida pelo dispositivo do cineasta e, a partir do momento em que ele filma essas lágrimas e liga esse plano a outros planos, elas já não podem ser a presença nua e crua do acontecimento rememorado. Pertencem a um processo de figuração que é um processo de condensação e deslocamento. Estão ali em lugar das palavras que, por sua vez, estavam em lugar da representação visual do acontecimento. Tornam-se uma figura de arte, elemento de um dispositivo que visa dar uma equivalência figurativa daquilo que ocorreu na câmara de gás. Equivalência figurativa é um sistema de relações entre semelhança e dessemelhança que põe em jogo vários tipos de intolerável. O pranto do barbeiro liga o intolerável daquilo que ele viu outrora com o intolerável daquilo que lhe pedem que diga no presente. Mas sabemos que vários críticos consideraram intolerável o próprio dispositivo que obriga a essa palavra, provoca esse sofrimento e oferece sua imagem a espectadores capazes de olhá-la como olham a reportagem de uma catástrofe na televisão ou os episódios de uma ficção sentimental.

Pouco importa acusar os acusadores. Em compensação, vale a pena subtrair a análise das imagens à atmosfera de julgamento em que ela ainda está tão frequentemente mergulhada. A crítica do espetáculo a identificou com a denúncia platônica do engodo das aparências e da passividade do espectador; os doutrinadores do irrepresentável a assimilaram à querela religiosa contra a idolatria. Precisamos questionar essas identificações do uso das imagens com a idolatria, a ignorância ou a passividade, se quisermos lançar um olhar novo sobre o que as imagens são, o que fazem e os efeitos que produzem. Para tanto, gostaria de examinar algumas obras que indagam de modo diferente que imagens são apropriadas à representação de acontecimentos monstruosos.

O artista chileno Alfredo Jaar dedicou várias obras ao genocídio de Ruanda de 1994. Nenhuma de suas obras mostra um único documento visual que ateste a realidade dos massacres. Assim, a instalação intitulada *Real Pictures* é feita de caixas pretas. Cada uma delas contém uma imagem de um tútsi assassinado, mas a caixa está fechada, e a imagem é invisível. Só é visível o texto que descreve o conteúdo oculto da caixa. À primeira vista, portanto, essas instalações também opõem o testemunho das palavras à prova pelas imagens. Mas essa semelhança oculta uma diferença essencial: as palavras aí estão desprovidas de voz, são tomadas como elementos visuais. Portanto, está claro que não se trata de as opor à forma visível da imagem. Trata-se de construir uma imagem, ou seja, certa conexão entre o verbal e o visual. O poder dessa imagem, então, consiste em desorganizar o regime ordinário dessa conexão, como o que é praticado pelo sistema oficial de informação.

Para entendê-lo, é preciso pôr em causa a opinião corrente segundo a qual esse sistema nos submerge numa vaga de imagens em geral – e imagens de horror em particular –, tornando-nos assim insensíveis à realidade banalizada desses horrores. Essa opinião é amplamente aceita porque confirma a tese tradicional de que o mal das imagens está em seu número, na profusão que invade sem possibilidade de defesa o olhar fascinado e o cérebro amolecido da multidão de consumidores democráticos de mercadorias e imagens. Essa visão pretende ser crítica, mas está perfeitamente de acordo com o funcionamento do sistema. Pois os meios de comunicação dominantes não nos afogam de modo algum sob a torrente de imagens que dão testemunho de massacres, fugas em massa e outros horrores que constituem o presente de nosso planeta. Bem ao contrário, eles reduzem o seu número, tomam bastante cuidado para selecioná-las e ordená-las. Eliminam tudo o que possa exceder a simples ilustração redundante de sua significação. O que vemos, sobretudo nas telas de informação de televisão, é o rosto de governantes, especialistas e jornalistas a comentarem as imagens, a dizerem o que elas mostram e o que devemos pensar a respeito. Se o horror está banalizado, não é porque vemos imagens demais. Não vemos corpos demais a sofrerem na tela. Mas vemos corpos demais sem nome, corpos demais incapazes de nos devolver o olhar que lhes dirigimos, corpos que são objeto de palavra sem terem a palavra. O sistema de Informação não funciona pelo excesso de imagens, funciona selecionando seres que falam e raciocinam, que são capazes de "descriptar" a vaga de informações referentes às multidões anônimas. A política dessas imagens consiste em nos ensinar que não é qualquer um que é capaz de ver e falar. E essa lição é confirmada de maneira prosaica pelos que pretendem criticar a inundação das imagens pela televisão.

A falsa querela das imagens, portanto, encobre uma questão de contas. É aí que ganha sentido a política das caixas pretas. Essas caixas fechadas mas cobertas de palavras, dão um nome e uma história pessoal àqueles cujo massacre foi tolerado não por excesso ou falta de imagens, mas porque atingia seres sem nome, sem história individual. As palavras assumem o lugar das fotografias porque estas ainda seriam fotografias de vítimas anônimas de violências em massa, ainda estariam em consonância com o que banaliza massacres e vítimas. O problema não é opor as palavras às imagens visíveis. É subverter a lógica dominante que faz do visual o quinhão das multidões e do verbal o privilégio de alguns. As palavras não estão no lugar das imagens. São imagens, ou seja, formas de redistribuição dos elementos da representação. São figuras que substituem uma imagem por outra, formas visuais por palavras, ou palavras por formas visuais. Essas figuras redistribuem ao mesmo tempo as relações entre o único e o múltiplo, o pequeno número e o grande número. Por isso são políticas, se é que a política consiste principalmente em mudar os lugares e a conta dos corpos. A figura política por excelência, nesse sentido, é a metonímia que mostra o efeito pela causa ou a parte pelo todo. Realmente, é uma política da metonímia que se pratica em outra instalação de Alfredo Jaar dedicada ao massacre de Ruanda, *The Eyes of Gutete Emerita*. Esta é organizada em torno de uma única fotografia dos olhos de uma mulher que viu o massacre de sua família: o efeito pela causa, portanto, mas também dois olhos por um milhão de corpos chacinados. Mas, por tudo o que viram, esses olhos não dizem o que Gutete Emerita pensa e sente. São os olhos de uma pessoa dotada do mesmo poder daqueles que os olham, mas também do mesmo poder do qual seus irmãos e irmãs foram privados pelos carniceiros, o de falar ou calar-se, de mostrar os próprios sentimentos ou ocultá-los. A metonímia que põe o olhar dessa mulher no lugar do espetáculo de horror também subverte a conta do individual e do múltiplo. Por isso, antes de ver os olhos de Gutete Emerita num caixote luminoso, o espectador deveria ler um texto que fazia

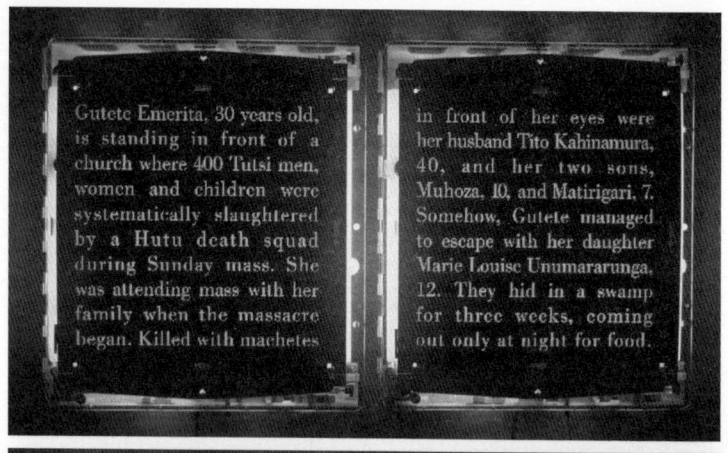

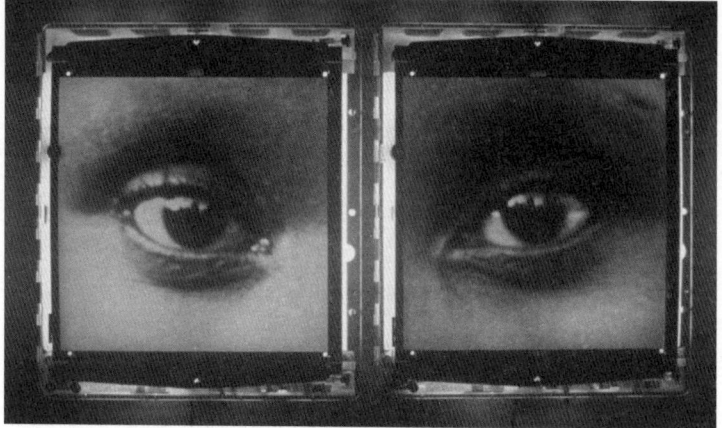

Alfredo Jaar, *The Eyes of Gutete Emerita*, 1996.

parte do mesmo contexto e contava a história daqueles olhos, a história daquela mulher e de sua família.

A questão do intolerável deve então ser deslocada. O problema não é saber se cabe ou não mostrar os horrores sofridos pelas vítimas desta ou daquela violência. Está na construção da vítima como elemento de certa distribuição do visível. Uma imagem nunca está sozinha. Pertence a um dispositivo de visibilidade que regula o estatuto dos corpos representados e o tipo de atenção que merecem. A questão é saber o tipo de atenção que este ou aquele dispositivo provoca. Outra instalação de Alfredo Jaar pode exemplificar esse aspecto; é aquela que ele inventou para reconstruir o espaço-tempo de visibilidade de uma única imagem, uma fotografia tirada no Sudão pelo fotógrafo sul-africano Kevin Carter. A foto mostra uma menina faminta a rastejar no chão à beira do esgotamento, enquanto um abutre está atrás dela, à espera da presa. O destino da imagem e do fotógrafo exemplificam a ambiguidade do regime dominante da informação. A foto valeu o prêmio Pulitzer àquele que fora para o deserto sudanês e de lá trouxera uma imagem também impressionante, também própria a derrubar o muro de indiferença que separa o espectador ocidental daquelas fomes longínquas. Valeu-lhe também uma campanha de indignação: acaso não era atitude de abutre humano ter esperado o momento de tirar a fotografia mais espetacular, em vez de socorrer a criança? Incapaz de suportar a campanha, Kevin Carter matou-se.

    Contra a duplicidade do sistema que demanda e rejeita ao mesmo tempo tais imagens, Alfredo Jaar construiu outro dispositivo de visibilidade em sua instalação *The Sound of Silence*. Ele pôs as palavras e o silêncio em jogo para inserir o intolerável da imagem da menina numa história mais ampla de intolerância. Se Kevin Carter parara naquele dia, com o olhar fascinado pela intensidade estética de um espetáculo monstruoso, foi porque antes não fora apenas um espectador, mas um ator comprometido na luta contra o *apartheid* em seu país. Portanto, convinha levar a sentir a temporalidade na qual aquele momento de exceção se inscrevia. Mas, para senti-la, o espectador precisava penetrar pessoalmente num espaço-tempo específico, uma cabine fechada na qual ele só poderia entrar no início e sair no fim de uma projeção de oito minutos. O que ele via na tela eram ainda palavras, palavras reunidas numa espécie de balada poética para contar a vida de Kevin Carter, sua travessia do *apartheid* e das revoltas negras da África do Sul, sua viagem aos confins do Sudão até o momento daquele encontro e a campanha que o impeliu ao suicídio. É só no fim da balada que a própria fotografia aparecia, num flash de tempo igual ao do disparador que a tomara. Aparecia como algo que não se podia esquecer, mas no qual não devíamos demorar-nos, confirmando que o problema não é saber se cumpre ou não fazer e olhar tais imagens, mas sim dentro de que dispositivo sensível isso é feito[22].

Outra estratégia é praticada por um filme dedicado ao genocídio do Camboja, *S21, Máquina de morte khmer vermelho*. Seu autor, Rithy Panh, compartilha pelo menos duas opções essenciais com Claude Lanzmann. Ele também optou por representar a máquina, em vez de suas vítimas, e por fazer um filme no presente. Mas dissociou essas escolhas de qualquer discussão em torno da palavra e da imagem. Não opôs as testemunhas aos arquivos. Isso significaria perder indubitavelmente a especificidade de uma máquina de morte cujo funcionamento passava por um aparato discursivo e por um dispositivo de arquivamento bem programados. Portanto, era preciso tratar esses arquivos como parte do dispositivo, mas também mostrar a realidade física da máquina pondo o discurso em ação e fazendo os corpos falar. Rithy Panh reuniu no próprio local dois tipos de testemunha: alguns dos raríssimos sobreviventes do campo S21 e alguns ex-guardas. E os fez reagir a diversos tipos de arquivo: relatórios diários, atas de interrogatórios, fotografias de presos mortos e torturados, pinturas feitas de cor por um dos ex-prisioneiros que pede aos ex-carcereiros que confirmem a sua exatidão. Desse modo, a lógica da máquina é reativada: à medida que os ex-guardas percorrem aqueles documentos, vão readquirindo atitudes, gestos e até entonações que tinham quando estavam a serviço da tortura e da morte. Numa sequência alucinante, um deles começa a reconstituir a ronda noturna, o retorno dos presos depois do "interrogatório", para a cela comum, os ferros que os prendem, a sopa e o urinol solicitados pelos prisioneiros, o dedo apontado para eles através das grades, os gritos, insultos e ameaças a qualquer prisioneiro que se mexesse, em

---

22. Analisei com mais detalhes algumas das obras aqui mencionadas em meu ensaio "Le Théâtre des images", publicado no catálogo *Alfredo Jaar. La politique des images*, jrp/ringier- Musée Cantonal des Beaux-Arts de Lausanne, 2007.

suma, tudo o que fazia parte de sua rotina diária na época. Sem dúvida é um espetáculo intolerável essa reconstituição feita sem aparente emoção, como se o torturador de ontem estivesse pronto para desempenhar amanhã o mesmo papel. Mas toda a estratégia do filme consiste em redistribuir o intolerável, valer-se de suas diversas representações: relatórios, fotografias, pinturas, reconstituições. Consiste em mudar as posições, pondo aqueles que acabam de manifestar novamente seu poder de torturadores na posição de alunos ensinados por sua ex-vítima. O filme interliga diversos tipos de palavras, ditas ou escritas, diversas formas de visualidade – cinematográfica, fotográfica, pictórica, teatral – e várias formas de temporalidade para nos dar uma representação da máquina que mostre ao mesmo tempo como ela pôde funcionar e como hoje é possível a carrascos e vítimas vê-la, pensá-la e senti-la.

O tratamento do intolerável é, assim, uma questão de dispositivo de visibilidade. Aquilo que chamamos imagem é um elemento num dispositivo que cria certo senso de realidade, certo senso comum. Um "senso comum" é, acima de tudo, uma comunidade de dados sensíveis: coisas cuja visibilidade considera-se partilhável por todos, modos de percepção dessas coisas e significados também partilháveis que lhes são conferidos. É também a forma de convívio que liga indivíduos ou grupos com base nessa comunidade primeira entre palavras e coisas. O sistema de informação é um "senso comum" desse tipo: um dispositivo espaço-temporal dentro do qual palavras e formas visíveis são reunidas em dados comuns, em maneiras comuns de perceber, de ser afetado e de dar sentido. O problema não é opor a realidade a suas aparências. É construir outras realidades, outras formas de senso comum, ou seja, outros dispositivos espaçotemporais, outras comunidades de palavras e coisas, formas e significados.

Essa criação é trabalho da ficção, que não consiste em contar histórias, mas em estabelecer relações novas entre as palavras e as formas visíveis, a palavra e a escrita, um aqui e um alhures, um então e um agora. Nesse sentido, *The*

*Sound of Silence* é uma ficção, *Shoah* ou *S21* são ficções. O problema não é saber se o real desses genocídios pode ser posto em imagens e em ficção. É saber como é posto e qual espécie de senso comum é tecido por esta ou aquela ficção, pela construção desta ou daquela imagem. É saber que espécie de ser humano a imagem nos mostra e a que espécie de ser humano ela é destinada, que espécie de olhar e de consideração é criada por essa ficção.

Esse deslocamento na abordagem da imagem também é um deslocamento na ideia de política das imagens. O uso clássico da imagem intolerável traçava uma linha reta do espetáculo insuportável à consciência da realidade que ele expressava e desta ao desejo de agir para mudá-la. Mas esse elo entre representação, saber e ação era pura pressuposição. A imagem intolerável de fato extraía seu poder da evidência dos roteiros teóricos que possibilitavam identificar seu conteúdo e da força dos movimentos políticos que os traduziam em prática. O enfraquecimento desses roteiros e desses movimentos produziu um divórcio que opôs o poder anestesiante da imagem à capacidade de compreender e à decisão de agir. A crítica do espetáculo e o discurso do irrepresentável passaram a ocupar a cena, alimentando uma suspeita global em torno da capacidade política de toda e qualquer imagem. O ceticismo atual é resultado de um excesso de fé. Nasceu da crença desenganada numa linha reta entre percepção, emoção, compreensão e ação. A confiança nova na capacidade política das imagens pressupõe a crítica desse esquema estratégico. As imagens da arte não fornecem armas de combate. Contribuem para desenhar configurações novas do visível, do dizível e do pensável e, por isso mesmo, uma paisagem nova do possível. Mas o fazem com a condição de não antecipar seu sentido e seu efeito.

A resistência à antecipação pode ser ilustrada por uma fotografia tirada por uma artista francesa, Sophie Ristelhueber. Escombros de pedras integram-se harmoniosamente numa paisagem idílica de colinas cobertas de oliveiras, paisagem semelhante às fotografadas por Victor Bérard há cem anos para mostrar a permanência do Mediterrâneo

Sophie Ristelhueber
WB # 3, 2005.

das viagens de Ulisses. Mas esse pequeno amontoado de pedras numa paisagem pastoral ganha sentido no conjunto ao qual pertence: como todas as fotografias da série *WB* (*West Bank*), representa uma barreira israelense numa estrada palestina. Sophie Ristelhueber recusou-se a fotografar o grande muro de separação que é a encarnação da política de um Estado e o ícone midiático do "problema do Oriente Médio". Preferiu dirigir sua objetiva para aquelas pequenas barreiras que as autoridades israelenses construíram à beira das estradas do interior com os meios ao alcance. Ela fez isso na maioria das vezes em *plongée*, de um ponto de vista que transforma os blocos das barreiras em elementos da paisagem. Não fotografou o emblema da guerra, mas as feridas e as cicatrizes que ela deixa no território. Desse modo, talvez produza um deslocamento do desgastado afeto da indignação para um afeto mais discreto, um afeto de efeito indeterminado, a curiosidade, o desejo de ver mais de perto. Falo aqui de curiosidade, falei acima de atenção. Trata-se realmente de afetos que embaralham as falsas evidências dos esquemas estratégicos; são disposições do corpo e do espírito em que o olho não sabe de antemão o que está vendo, e o pensamento não sabe o que deve fazer com aquilo. Sua tensão aponta, assim, para outra política do sensível, política baseada na variação da distância, na resistência do visível e na indecidibilidade do efeito. As imagens mudam nosso olhar e a paisagem do possível quando não são antecipadas por seus sentidos e não antecipam seus efeitos. Essa poderia ser a conclusão suspensiva deste breve estudo sobre o intolerável nas imagens.

# A imagem pensativa

A expressão "imagem pensativa" não é intuitiva. Em geral, o que qualificamos de pensativos são os indivíduos. Esse adjetivo designa um estado singular: quem está pensativo está "cheio de pensamentos", mas isso não quer dizer que os pensa. Na pensatividade, o ato do pensamento parece eivado por certa passividade. A coisa se complica quando dizemos que uma imagem é pensativa. Não se supõe que uma imagem pense. Supõe-se que ela é apenas objeto de pensamento. Imagem pensativa, então, é uma imagem que encerra pensamento não pensado, pensamento não atribuível à intenção de quem a cria e que produz efeito sobre quem a vê sem que este a ligue a um objeto determinado. Pensatividade designaria, assim, um estado indeterminado entre o ativo e o passivo. Essa indeterminação põe em xeque a distância que tentei marcar alhures entre duas ideias de imagem: a noção comum de imagem como duplo de uma coisa e a imagem concebida como operação de uma arte. Falar de imagem pensativa, ao contrário, é marcar a existência de uma zona de indeterminação entre esses dois tipos de imagem. É falar de uma zona de indeterminação entre pensamento e não pensamento, entre atividade e passividade, mas também entre arte e não arte.

Para analisar a articulação concreta entre esses opostos, partirei das imagens produzidas por uma prática que é exemplarmente ambivalente, entre a arte e a não arte, a atividade e a passividade, ou seja, a fotografia. Todos conhecem o destino singular da fotografia em relação à arte. Na década de 1850, estetas como Baudelaire a enxergavam como ameaça mortal: a reprodução mecânica e vulgar ameaçava suplantar o poder da imaginação criadora e da invenção artística. Na década de 1930, Benjamin virava o jogo. Via as artes da reprodução mecânica – fotografia e cinema – como o princípio de uma subversão do próprio paradigma de arte. Para ele, a imagem mecânica era a imagem que rompia com o culto, religioso e artístico, do único. Era a imagem que existia apenas pelas relações que mantinha com outras imagens ou com textos. Assim, as fotos feitas por August Sander dos tipos sociais alemães eram para ele os elementos de uma vasta fisiognomonia social que podia responder a um problema político prático: a necessidade de reconhecer amigos e inimigos na luta de classes. Assim também, as fotos das ruas parisienses feitas por Eugène Atget eram despojadas de qualquer aura; mostravam-se desprovidas da autossuficiência das obras de arte "cultual". Simultaneamente, apresentavam-se como peças de um enigma por decifrar. Convidavam à legenda, ou seja, ao texto explicitante da consciência do estado do mundo que elas exprimiam. Essas fotos, para ele, eram "peças de convicção para o processo da história"[23]. Eram os elementos de uma nova arte política da montagem.

Assim se opunham duas grandes maneiras de pensar a relação entre arte, fotografia e realidade. Ora, essa relação foi tratada de uma maneira que não corresponde a nenhuma dessas duas visões. Por um lado, nossos museus e exposições tendem cada vez mais a refutar Baudelaire e Benjamin juntos, dando lugar de pintura a uma fotografia que ganha o formato de quadro e imita sua modalidade de presença. É o que ocorre com as séries em que a fotógrafa

---

23. Walter Benjamin, *L'OEuvre d'art à l'époque de sa reproductibilité technique*, trad. fr. Rainer Rochlitz, in *Oeuvres*, Folio/Gallimard, 2000, t. 3, p. 82.

Rineke Dijkstra, *Kolobrzeg, Poland, July 26, 1992*. Cortesia da artista e da Marian Goodman Gallery, Nova York/Paris.

Rineke Dijkstra representa indivíduos de identidade incerta – soldados captados imediatamente antes e depois da incorporação, toureiros amadores e adolescentes um tanto desajeitadas, como essa adolescente polonesa fotografada numa praia com pose desengonçada e maiô fora de moda –, seres quaisquer, pouco expressivos, mas por isso mesmo dotados de certa distância, de certo mistério, semelhante ao dos retratos que povoam os museus, retratos de pessoas outrora representativas que se tornaram anônimas para nós. Esses modos de exposição tendem a fazer da fotografia o vetor de uma identificação renovada entre a imagem como operação da arte e a imagem como produção de uma representação. Mas, ao mesmo tempo, discursos teóricos novos desmentiam essa identificação. Marcavam inversamente uma nova forma de oposição entre fotografia e arte. Faziam da "reprodução" fotográfica a emanação singular e insubstituível de uma coisa, com o risco de recusar-lhe assim o *status* de arte. A fotografia vinha então encarnar uma ideia de imagem como realidade única resistente à arte e ao pensamento. E a pensatividade da imagem era identificada com um poder de afetar que se subtraía aos cálculos do pensamento e da arte.

Essa visão foi exemplarmente formulada por Roland Barthes. Em *Le Chambre claire* [*A câmara clara*]\*, ele opõe a força de pensatividade do *punctum* ao aspecto informativo representado pelo *studium*. Mas para isso ele precisa reduzir o ato fotográfico e o olhar para a foto a um processo único. Assim, ele faz da fotografia um transporte: transporte para o sujeito observador da qualidade sensível única da coisa ou do ser fotografado. Para definir assim o ato e o efeito fotográficos, precisa fazer três coisas: deixar de lado a intenção do fotógrafo, reduzir o dispositivo técnico a um processo químico e identificar a relação óptica com uma relação tátil. Assim se define certa visão do afeto fotográfico: segundo Barthes, o sujeito que observa deve repudiar todo e qualquer saber e referência àquilo que na imagem é objeto de um conhecimento, para deixar que se produza o afeto do transporte. Contrapor imagem e arte não é apenas negar o caráter da imagem como objeto de fabricação; é, em última análise, negar seu caráter de coisa vista. Barthes fala em desencadear uma loucura do olhar. Mas essa loucura do olhar é na verdade seu desapossamento, sua submissão a um processo de transporte "tátil" da qualidade sensível do motivo fotografado.

A oposição entre *punctum* e *studium*, assim, está bem definida no discurso. Mas se embaralha naquilo que deveria confirmá-lo: na materialidade das imagens com as quais Barthes tenta exemplificá-lo. A demonstração baseada nesses exemplos é, de fato, surpreendente. Diante da fotografia de duas crianças com retardo mental feita por Lewis Hine numa instituição de New Jersey, Barthes declara dispensar qualquer saber e cultura. Decide então ignorar a inserção da fotografia no trabalho de um fotógrafo em sua investigação sobre os explorados e os excluídos da sociedade americana. Mas não é só isso. Para validar sua distinção, Barthes deve também fazer uma estranha divisão no próprio âmago daquilo que liga a estrutura visual dessa fotografia a seu moti-

---

\* Trad. bras., Júlio Castañon Guimarães, Nova Fronteira, 2011. [N. da T.]

Lewis Hine, *Crianças com retardo mental numa instituição*, New Jersey, 1924.

vo, ou seja, a desproporção. Barthes escreve: "Quase não vejo as cabeças monstruosas e os perfis lastimáveis (isso faz parte do *studium*); o que vejo [...] é o detalhe descentralizado, a imensa gola Danton do garoto, o curativo no dedo da menina."[24] Mas aquilo que ele diz ver, na qualidade de *punctum*, pertence à mesma lógica do *studium*, que ele diz não ver: são características de desproporção: uma gola imensa para uma criança anã e, para uma menina de cabeça enorme, um curativo tão minúsculo, que o leitor do livro não distinguiria sozinho com base na reprodução. Se Barthes fixou essa gola e esse curativo, sem dúvida é por sua qualidade de detalhes, ou seja, de elementos destacáveis. Escolheu-os porque correspondem a uma noção bem determinada, a noção lacaniana de objeto parcial. Mas aqui não se trata de qualquer objeto parcial. Com base numa vista de perfil, é difícil decidir se a gola do menino é realmente aquilo que os camiseiros chamam de gola Danton. Em compensação, é indubitável que Danton é nome de uma pessoa decapitada. O *punctum* da imagem é, de fato, a morte evocada pelo nome próprio Danton. A teoria do *punctum* pretende afirmar a singularidade resistente da imagem. Mas no fim acaba por deixar de lado essa especificidade, ao identificar a produção e o efeito da imagem fotográfica com a maneira como a morte ou os mortos nos tocam.

---

24. *La Chambre claire*, Éditions de l'Étoile, Gallimard, Le Seuil, 1980, p. 82.

Alexander Gardner, *Portrait of Lewis Payne*, 1865.

Esse curto-circuito é ainda mais perceptível em outro exemplo de Barthes, a fotografia de um jovem algemado. Aí também a distribuição do *studium* e do *punctum* é desconcertante. Barthes diz o seguinte: "A foto é bonita, o rapaz também: isso é o *studium*. Mas o *punctum* é: *ele vai morrer.* Leio ao mesmo tempo: *isto será e isto foi.*"[25] Ora, nada na foto nos diz que o jovem vai morrer. Para sermos afetados por sua morte, precisamos saber que a foto representa Lewis Payne, condenado à morte em 1865 pela tentativa de assassinato do secretário de Estado americano. Também é preciso saber que se trata da primeira vez em que um fotógrafo, Alexander Gardner, foi autorizado a fotografar uma execução capital. Para fazer coincidir o efeito da foto com o afeto da morte, Barthes precisou realizar um curto-circuito entre o saber histórico do motivo representado e a textura material da fotografia. As cores pardacentas, de fato, são cores de uma fotografia do passado, de uma fotografia sobre a qual se pode garantir em 1980 que o autor e o motivo estão mortos. Barthes, assim,

---

25. *Ibid.*, pp. 148-50.

associa a foto à *imago* latina, à efígie que garantia a presença do morto, a presença do ancestral entre os vivos. Reaviva assim uma antiquíssima polêmica sobre a imagem. No século I de nossa era em Roma, Plínio, o Velho, irritava-se com os colecionadores que enchiam suas galerias de estátuas que não sabiam o que representavam, estátuas que estava ali em virtude de sua arte, de sua bela aparência, e não como *imagens* dos ancestrais. Sua posição era característica daquilo que chamo de regime ético das imagens. Nesse regime, um retrato ou uma estátua é sempre uma imagem de alguém e sua legitimidade provém de sua relação com o homem ou o deus que representa. O que Barthes opõe à lógica representativa do *studium* é essa antiga função imaginal, essa função de efígie, que garante a permanência da presença sensível de um indivíduo. No entanto, ele escreve num mundo e num século em que não só as obras de arte, mas também as imagens em geral, são apreciadas por si mesmas, e não como almas de ancestrais. Portanto, ele precisa transformar a efígie do ancestral em *punctum* da morte, ou seja, em afeto produzido diretamente sobre nós pelo corpo daquele que esteve diante da objetiva, que já não está lá e cuja fixação sobre a imagem significa o domínio da morte sobre o vivo.

Barthes realiza assim um curto-circuito entre o passado da imagem e a imagem da morte. Ora, esse curto-circuito apaga os traços característicos da fotografia apresentada por ele, que são traços de indeterminação. A singularidade da fotografia de Lewis Payne, na verdade, decorre de três formas de indeterminação. A primeira diz respeito à seu dispositivo visual: o jovem está sentado segundo uma disposição bem pictórica, ligeiramente inclinado, na fronteira de uma zona de luz e uma zona de sombra. Mas não podemos saber se a localização foi escolhida pelo fotógrafo e, caso a tenha escolhido, se o fez preocupado com a visibilidade ou por reflexo estético. Tampouco sabemos se ele simplesmente registrou as irregularidades e os traços desenhados nas paredes ou se os valorizou intencionalmente. A segunda indeterminação diz respeito ao trabalho do tempo. A textura da foto traz a marca de um tempo passado. Em compensação, o corpo, a roupa, a postura e a intensidade do olhar do jovem podem ser situados sem dificuldade em nosso presente, negando a distância temporal. A terceira indeterminação diz respeito à atitude da personagem. Mesmo sabendo que ele vai morrer e por quê, é impossível ler nesse olhar as razões de sua tentativa de assassinato e seus sentimentos perante a morte iminente. A pensatividade da fotografia poderia então ser definida como esse nó entre várias indeterminações. Poderia ser caracterizada como efeito da circulação entre o motivo, o fotógrafo e nós, do intencional e do não intencional, do sabido e do não sabido, do expresso e do não expresso, do presente e do passado. Ao contrário do que diz Barthes, essa pensatividade consiste aí na impossibilidade de criar coincidência entre duas imagens, a imagem socialmente determinada do condenado à morte e a imagem de um jovem com uma curiosidade um tanto negligente, a fixar um ponto que não vemos.

A pensatividade da fotografia seria, então, a tensão entre vários modos de representação. A fotografia de Lewis Payne apresenta-nos três imagens, ou melhor, três funções-imagens numa única imagem: há a caracterização de uma identidade; há a disposição plástica intencional de um corpo num espaço; e há os aspectos que o registro da máquina nos revela sem que saibamos se foram intencionais. A fotografia de Lewis Payne não é do domínio da arte, mas permite-nos compreender outras fotografias que sejam intencionalmente obras de arte ou apresentem simultaneamente caracterização social e indeterminação estética. Se voltarmos à adolescente de Rineke Dijkstra, compreenderemos por que ela é representativa do lugar da fotografia na arte contemporânea. Por um lado, ela pertence a uma série que representa seres do mesmo gênero: adolescentes flutuando um pouco em seu próprio corpo, indivíduos representando identidades em transição, entre idades, condições sociais e modos de vida – muitas dessas imagens foram feitas em ex-países comunistas. Mas, por outro lado, elas nos impõem presenças brutas, seres sobre os quais não sabemos o que os levou a posar diante de uma artista, nem o que pretendem mostrar e expressar diante da objetiva. Portanto, estamos diante deles na mesma posição em que ficamos diante das pinturas do passado que representam nobres florentinos ou venezianos que não sabemos quem eram nem que pensamento habitava seu olhar captado pelo pintor. Barthes opunha à semelhança segundo as regras do *studium* aquilo que chamei de arquissemelhança, presença de um afeto direto do corpo. Mas o que podemos ler na imagem da adolescente polonesa não é nem uma coisa nem outra. É o que chamarei de semelhança desapropriada. Essa semelhança não nos remete a nenhum ser real com o qual pudéssemos comparar a imagem. Mas também não é a presença do ser único de que fala Barthes. É a presença do ser qualquer, cuja identidade não tem importância, ser que furta seus pensamentos ao oferecer seu rosto.

Podemos ser tentados a dizer que esse tipo de efeito estético é próprio do retrato, segundo Benjamin o último refúgio do "valor cultual". Em compensação, diz ele, quando o homem está ausente, o valor de exposição da fotografia prevalece decididamente. Mas a distinção entre cultual e exposicional que estrutura a análise de Benjamin talvez seja tão problemática quanto a do *studium* e do *punctum* de Barthes. Vejamos, por exemplo, uma fotografia feita na época em que Benjamin escrevia por um fotógrafo que, como ele, incluía Atget e Sander entre suas referências favoritas, ou seja, Walker Evans. É uma foto de um pedaço de parede de madeira de uma cozinha no Alabama. Sabemos que essa foto faz parte do contexto geral de uma iniciativa social com a qual Walker Evans colaborou por algum tempo – a grande pesquisa sobre as condições de vida dos camponeses pobres que atuavam sob comandita, no fim da década de 1930, da Farm Security Administration – e do contexto mais preciso do livro feito em colaboração com James Agee, *Let US Now Praise Famous Men*. Pertence agora a um *corpus* de fotografias visto nos museus como obra autônoma de um artista. Mas, olhando a foto, percebemos que a tensão entre arte e reportagem social não decorre simplesmente do trabalho do tempo que transforma em obras de arte os testemunhos sobre a sociedade. A tensão já está no cerne da imagem. Por

Walker Evans, *Kitchen Wall in Bud Fields House*, 1936. Image copyright © The Metropolitan Museum of Art. Image source: Art Resource, NY.

um lado, esse pedaço de parede feito de tábuas com sarrafos pregados de través e seus talheres e utensílios de folha de flandres sustentados por travessas representa bem o cenário de vida miserável dos fazendeiros do Alabama. Mas, para mostrar essa miséria, o fotógrafo precisava realmente tirar essa foto em primeiro plano de quatro tábuas e uma dúzia de talheres? Os elementos sinaléticos da miséria compõem ao mesmo tempo certa decoração artística. As tábuas retilíneas lembram os cenários quase abstratos que na mesma época eram vistos nas fotografias, sem objetivo social específico, de Charles Sheeler e Edward Weston. A simplicidade do sarrafo pregado que serve para organizar os talheres lembra à sua maneira a ideologia dos arquitetos e *designers* modernistas, apreciadores de materiais simples e brutos e de soluções racionais de organização, que possibilitam alijar o horror dos bufês burgueses. A disposição dos objetos de través parece obedecer a uma estética do assimétrico. Mas é impossível saber se todos esses elementos "estéticos" são efeito dos acasos da vida pobre ou se resultam do gosto dos ocupantes do lugar[26]. Do mesmo modo, é im-

---

26 James Agee, que, aliás, desenvolve análises brilhantes sobre a presença ou a ausência de preocupações estéticas no *habitat* dos pobres, remete-nos aí ao testemunho nu da fotografia: "Do outro lado da cozinha há uma mesinha nua onde eles fazem as refeições; e, nas paredes, aquilo que os senhores podem ver numa das fotografias deste livro." *Louons maintenant les grands hommes*, trad. Jean Queval, Terre Humaine Poche, 2003, p. 194.

possível saber se o aparelho simplesmente os registrou de passagem ou se o fotógrafo os enquadrou e valorizou conscientemente, se viu aquela decoração como índice de um modo de vida ou como uma reunião singular e quase abstrata de linhas e objetos.

Não sabemos o que exatamente Walker Evans tinha em mente ao tirar essa foto. Mas a pensatividade da foto não se reduz a essa ignorância. Pois também sabemos que Walker Evans tinha uma ideia precisa sobre fotografia, uma ideia sobre arte, que, significativamente, não era extraída de um artista visual, mas de um romancista por ele admirado, Flaubert. Essa ideia é que o artista deve ser invisível em sua obra, tal como Deus na natureza. Esse olhar sobre a disposição estética singular dos acessórios de uma cozinha pobre do Alabama pode lembrar-nos o olhar que Flaubert atribui a Charles Bovary ao descobrir nas paredes escamadas da fazenda de Rouault a cabeça de Minerva desenhada pela colegial Emma para seu pai. Mas, sobretudo, na imagem fotográfica da cozinha do Alabama, assim como na descrição literária da cozinha normanda, existe a mesma relação entre a qualidade estética do motivo e o trabalho de impessoalização da arte. Não nos deve enganar a expressão "qualidade estética". Não se trata de sublimar um motivo banal por meio do trabalho de estilo ou de enquadramento. O que Flaubert e Evans fazem não é uma adjunção artística ao banal. Ao contrário, é uma supressão: o que o banal adquire neles é certa indiferença. A neutralidade da frase ou do enquadramento cria uma flutuação nas propriedades de identificação social. Essa flutuação criada é, assim, resultado de um trabalho da arte para tornar-se invisível. O trabalho da imagem prende a banalidade social na impessoalidade da arte, retira-lhe o que faz dela a simples expressão de uma situação ou de um caráter determinado.

Para compreender a "pensatividade" que está em jogo nessa relação entre banal e impessoal, vale a pena dar mais um passo atrás no caminho que nos leva da adolescente de Rineke Dijkstra à cozinha de Walker Evans e da cozinha de Walker Evans à de Flaubert. Esse passo nos leva àquelas pinturas de pequenos mendigos sevilhanos feitas por Murillo e conservadas na Galeria Real de Munique. Detenho-me nelas em razão de um comentário singular que Hegel lhes dedicou em seu *Curso de estética*. Ele fala incidentemente sobre elas no desenvolvimento de um texto dedicado à pintura de gênero flamenga e holandesa, no qual se empenha em inverter a clássica avaliação do valor dos gêneros de pintura em função da dignidade de seus motivos. Mas Hegel não se limita a dizer que todos os motivos são igualmente apropriados à pintura. Estabelece uma relação estreita entre a virtude dos quadros de Murillo e a atividade daqueles pequenos mendigos, que consiste precisamente em não fazer nada, em não se preocupar com nada. Há neles, segundo nos diz, total despreocupação com o exterior, uma liberdade interior no exterior que é exatamente aquilo que o conceito de ideal artístico reivindica. Eles demonstram uma bem-aventurança quase semelhante à dos deuses olímpicos[27].

Para fazer esse comentário, Hegel já precisa ter como evidente que a virtude essencial dos deuses é não fazer nada, não se preocupar com nada e não querer nada. Precisa ter como evidente que a suprema beleza é a beleza que expressa essa indiferença. Essas crenças não são óbvias. Ou melhor, só se tornam óbvias em função de uma ruptura já efetuada na economia da expressividade, bem como na reflexão sobre a arte e o divino. A beleza "olímpica" que Hegel atribui aos pequenos mendigos é a beleza do Apolo do Belvedere que sessenta anos antes fora celebrada por Winckelmann, a beleza da divindade despreocupada. A imagem pensativa é a imagem de uma suspensão de atividade, aquilo que Winckelmann, por outro lado, ilustrava na análise do *Torso* do Belvedere: para ele, aquele torso era de um Hércules em repouso, um Hércules a pensar serenamente em seus feitos passados, mas cujo pensamento se expressava por inteiro nas pregas do dorso e do ventre, cujos músculos fluíam uns para os outros como vagas que se elevam e caem. A atividade tornou-se pensamento, mas o próprio pensamento

---

27. Hegel, *Cours d'esthétique*, trad. fr. Jean-Pierre Lefebvre e Veronica von Schenck, Aubier, 1995, t. 1, p. 228.

passou para um movimento imóvel, semelhante à radical indiferença das vagas do mar.

O que se manifesta na serenidade do *Torso* ou dos pequenos mendigos, o que confere virtude pictórica à fotografia da cozinha do Alabama ou da adolescente polonesa é uma mudança de estatuto nas relações entre pensamento, arte, ação e imagem. É essa mudança que marca a passagem de um regime representativo da expressão a um regime estético. A lógica representativa dava à imagem o estatuto de complemento expressivo. O pensamento da obra – seja ela verbal ou visual – realizava-se na forma de "história", ou seja, de composição de uma ação. A imagem destinava-se então a intensificar a força dessa ação. Essa intensificação tinha duas grandes formas: por um lado, a dos traços de expressão direta, que traduzem na expressão dos rostos e na atitude dos corpos os pensamentos e os sentimentos que animam as personagens e determinam suas ações; por outro lado, a das figuras poéticas que põem uma expressão no lugar de outra. Nessa tradição, a imagem era, portanto, duas coisas: representação direta de um pensamento ou de um sentimento; e figura poética que substitui uma expressão por outra para aumentar sua força. Mas a figura podia desempenhar esse papel porque existia uma relação de compatibilidade entre o termo "próprio" e o termo "figurado", por exemplo entre águia e majestade ou entre leão e coragem. Apresentação direta e deslocamento figural eram assim unificados sob um mesmo regime de semelhança. É essa homogeneidade entre as diferentes semelhanças que define propriamente a mimese clássica.

É em relação a esse regime homogêneo que ganha sentido aquilo que chamei de semelhança desapropriada. É frequente descrever-se a ruptura estética moderna como passagem do regime da representação a um regime de presença ou apresentação. Essa visão deu ensejo a duas grandes visões da modernidade artística: há o modelo feliz de autonomia da arte em que a ideia artística se traduz em formas materiais, com um curto-circuito na mediação da imagem; e há o modelo trágico do "sublime" em que a presença sensível manifesta, ao contrário, a ausência de qualquer relação comensurável entre ideia e materialidade sensível. Ora, nossos exemplos possibilitam conceber uma terceira maneira de pensar a ruptura estética: esta não é a supressão da imagem na presença direta, mas sua emancipação em relação à lógica unificadora da ação; não é a ruptura da relação entre inteligível e sensível, mas um novo estatuto da figura. Em sua acepção clássica, a figura conjungia dois significados: era uma presença sensível e era uma operação de deslocamento que punha uma expressão no lugar de outra. Mas, no regime estético, a figura já não é simplesmente uma expressão que vem para o lugar de outra. São dois regimes de expressão que se encontram entrelaçados sem relação definida. É isso que a descrição de Winckelmann emblematiza: o pensamento está nos músculos, que são como vagas de pedra; mas não há nenhuma relação de expressão entre o pensamento e o movimento das vagas. O pensamento passou para alguma coisa que não se lhe assemelha por nenhuma analogia definida. E a atividade orientada dos músculos passou para seu contrário: a repetição indefinida, passiva, do movimento.

A partir daí é possível pensar positivamente a pensatividade da imagem. Ela não é a aura ou o *punctum* do aparecimento único. Mas também não é simplesmente nossa ignorância do pensamento do autor ou a resistência da imagem à nossa interpretação. A pensatividade da imagem é produto desse novo estatuto da figura que conjunge dois regimes de expressão sem os homogeneizar. Para compreendê-lo, voltemos à literatura, a primeira que tornou explícita essa função da pensatividade. Em *S/Z*, Roland Barthes comentava a última frase de *Sarrasine* de Balzac: "A marquesa ficou pensativa." O adjetivo "pensativa" chamava com razão a sua atenção: parece designar um estado de espírito da personagem. Mas, no lugar onde é posto por Balzac, na realidade faz exatamente outra coisa. Realiza um deslocamento do estatuto do texto. Isto porque estamos no fim de uma narrativa: o segredo da história foi revelado, e essa revelação pôs fim às esperanças do narrador em relação à marquesa. Ora, no exato momento em que a narrativa chega ao fim, a "pensatividade" vem negar esse fim; vem suspender a lógica narrativa em favor de uma lógica expressiva indeterminada. Barthes via nessa "pensatividade" a marca do "texto clássico", uma maneira como esse texto significava que ainda tinha sentidos de reserva, ainda um excedente de plenitude. Acredito ser possível fazer uma análise totalmente diferente e ver nessa "pensatividade", ao contrário de Barthes, uma marca do texto moderno, ou seja, do regime estético da expressão. A pensatividade vem realmente contrariar a lógica da ação. Por um lado, prolonga a ação que estava parando. Mas, por outro, suspende qualquer conclusão. O que se interrompe é a relação entre narração e expressão. A história fica bloqueada num quadro. Mas esse quadro marca uma inversão da função da imagem. A lógica da visualidade já não vem suplementar a ação. Vem suspendê-la, ou melhor, substituí-la.

É isso o que outro romancista, Flaubert, pode fazer-nos compreender. Cada um dos momentos amorosos que pontuam *Madame Bovary* é marcado por um quadro, por uma pequena cena visual: uma gota de neve fundida caindo sobre a sombrinha de Emma, um inseto sobre uma folha de nenúfar, gotas de água ao sol, nuvem de poeira de uma diligência. São esses quadros, essas impressões fugazes e passivas que desencadeiam os acontecimentos amorosos. É como se a pintura viesse tomar o lugar do encadeamento narrativo do texto. Esses quadros não são simples cenários da cena amorosa; também não simbolizam o sentimento amoroso: não há nenhuma analogia entre um inseto sobre uma folha e o nascimento de um amor. Portanto, não são complementos de expressividade trazidos à narração. Antes, trata-se de uma troca de papéis entre a descrição e a narração, entre a pintura e a literatura. O processo de impessoalização pode ser aí formulado como a invasão da ação literária pela passividade pictórica. Em termos deleuzianos, seria possível falar em heterogênese. O visual suscitado pela frase já não é um complemento de expressividade. Tampouco é simples suspensão, como a pensatividade da marquesa de Balzac. É o elemento da construção de outra cadeia narrativa: um encadeamento de microeventos sensíveis que vem substituir o encadeamento clássico das causas e dos efeitos, dos fins projetados, de suas realizações e suas consequências. O romance constrói-se então como a relação sem relação entre duas cadeias factuais: a cadeia da narrativa orientada do começo para o fim, com nó e desfecho, e a cadeia dos microeventos que não obedece a essa lógica orientada, mas se dispersa de maneira aleatória sem começo nem fim, sem relação entre causa e efeito. Sabe-se que Flaubert foi representado ao mesmo tempo como papa do naturalismo e decantador da arte pela arte. Mas naturalismo e arte pela arte são apenas maneiras unilaterais de designar uma única e mesma coisa, a saber, o entrelaçamento de duas lógicas que é como a presença de uma arte na outra.

Se voltarmos à fotografia de Walker Evans, poderemos compreender a referência do fotógrafo ao romancista. Essa fotografia não é nem o registro bruto de um fato social, nem a composição de um esteta que faça arte pela arte à custa dos pobres camponeses cuja miséria ele deve mostrar. Marca a contaminação de duas artes, de duas maneiras de "mostrar": o excesso literário, o excesso daquilo que as palavras projetam sobre aquilo que designam vem habitar a fotografia de Walker Evans, assim como o mutismo pictórico habitava a narração literária de Flaubert. O poder de transformação do banal em impessoal, forjado pela literatura, sulca a partir do interior a aparente evidência, a aparente imediatez da foto. A pensatividade da imagem é então a presença latente de um regime de expressão em outro. Um bom exemplo contemporâneo dessa pensatividade pode ser dado pelo trabalho de Abbas Kiarostami entre cinema, fotografia e poesia. Sabe-se da importância que as estradas têm em seus filmes. Sabe-se também que ele lhes dedicou várias séries fotográficas. Essas imagens são, exemplarmente, imagens pensativas pela maneira como conjungem dois modos de representação: a estrada é um trajeto orientado de um ponto a outro e é, inversamente, um puro traçado de linhas ou espirais abstratas sobre um território. Seu filme *Roads of Kiarostami* organiza uma passagem notável entre esses dois tipos de estrada. A câmara de início parece percorrer as fotografias do artista. Como filma em preto e branco fotografias coloridas, ela acusa seu caráter gráfico, abstrato; transforma as paisagens fotografadas em desenhos ou mesmo em caligrafias. Mas a certa altura o papel da câmara se inverte. Ela parece tornar-se um instrumento cortante que rasga aquelas superfícies semelhantes a folhas de desenho, devolvendo aqueles grafismos à paisagem da qual tinham sido abstraídos. Assim, filme, fotografia, desenho, caligrafia e poema vêm misturar seus poderes e intercambiar suas singularidades. Já não é simplesmente a literatura que constrói seu tornar-se-pintura imaginário, nem a fotografia que evoca a metamorfose literária do banal. São os regimes de expressão que se entrecruzam e criam combinações singulares de trocas, fusões e afastamentos. Essas combinações criam formas de pensatividade da imagem que refutam a oposição entre o *studium* e o *punctum*, entre a operatividade da arte e a imediatez da imagem. A pensatividade da imagem não é então privilégio do silêncio fotográfico ou pictórico. O próprio silêncio é certo tipo de figuralidade, certa tensão entre regimes de expressão que é também um jogo de trocas entre os poderes de mídias diferentes.

    Essa tensão pode então caracterizar modos de produção de imagens cuja artificialidade parece, *a priori*, vedar a pensatividade da frase, do quadro ou da foto. Penso aqui na imagem de vídeo. Na época do desenvolvimento da arte do vídeo, na década de 1980, alguns artistas pensaram a técnica nova como meio de uma arte desembaraçada de toda e qualquer submissão passiva ao espetáculo do visível. De fato, a matéria visual já não era produzida pela impressão de um espetáculo sobre uma película sensível, mas pela ação de um sinal eletrônico. A arte do vídeo devia ser a arte de formas visíveis engendradas diretamente pelo cálculo de um pensamento artístico, dispondo de uma matéria infinitamente maleável. Assim, a imagem de vídeo já não era realmente uma imagem. Como dizia um dos defensores dessa arte: "Estritamente, não existe nenhum instante no tempo durante o qual se possa dizer que a imagem de vídeo existe."[28] Em suma, a imagem de vídeo parecia destruir o que era peculiar na imagem, ou seja, sua parcela de passividade resistente ao cálculo técnico dos fins e dos meios e à leitura adequada dos significados no espetáculo do visível. Parecia destruir o poder de suspensão peculiar à imagem. Nisso alguns viam o meio de uma arte inteiramente senhora de seu material e de seus meios; outros, ao contrário, viam a perda da pensatividade cinematográfica. Em seu livro *Le Champ aveugle* [O campo cego], Pascal Bonitzer denunciava essa superfície maleável em perpétua metamorfose. O que desaparecia eram os cortes organizadores da imagem: o quadro cinematográfico, a unidade do plano, os cortes entre o dentro e o fora, o antes e o depois, o campo e o fora de campo, o próximo e o distante. Portanto, era também toda a economia afetiva ligada a esses cortes que desaparecia. O cinema, como a literatura, vivia da tensão entre uma temporalidade do encadeamento e uma temporalidade do corte. O vídeo fazia desaparecer essa tensão em proveito de uma circulação infinita das metamorfoses da matéria dócil.

    Ora, ocorreu com a arte do vídeo o mesmo que com a fotografia. Sua evolução desmentiu o dilema entre antiarte ou arte radicalmente nova. A imagem de vídeo também soube conquistar o lugar de uma heterogênese, de uma tensão entre diversos regimes de expressão. É o que nos leva a compreender uma obra característica dessa época. *The Art of Memory*, de Woody Vasulka, realizada em 1987, é obra de um artista que se concebia então como escultor a manipular a argila da imagem. No entanto, aquela escultura da imagem cria uma forma inédita de pensatividade. A homogeneidade do material e do tratamento videográfico presta-se a várias diferenciações. Por um lado, temos uma mistura de dois tipos de imagem: há imagens que podem ser consideradas analógicas, não no sentido técnico, mas no sentido de apresentarem paisagens e personagens do modo como estas poderiam aparecer na abertura de uma objetiva ou sob o

---

28. Hollis Frampton, *L'Écliptique du savoir*, Centre Georges Pompidou, 1999, p. 92.

pincel de um pintor: uma personagem a usar um boné, uma espécie de criatura mitológica que aparece no topo de um rochedo, um cenário de deserto cujas cores foram trucadas eletronicamente, mas que nem por isso deixa de apresentar--se como o análogo de uma paisagem real. Ao lado disso, há toda uma série de formas metamórficas dadas explicitamente como artefatos, como produções do cálculo e da máquina. Pela forma, mostram-se como esculturas moles; pela textura, como seres feitos de puras vibrações luminosas. São como vagas eletrônicas, puros comprimentos de ondas sem correspondência com nenhuma forma natural e sem nenhuma função expressiva. Ora, essas vagas eletrônicas sofrem duas metamorfoses que as convertem no teatro de uma pensatividade inédita. Em primeiro lugar, a forma mole se estende numa tela, no meio da paisagem desértica. Nessa tela, vemos projetar-se imagens características da memória de um século: o cogumelo da bomba de Hiroshima ou os episódios da guerra civil espanhola. Mas a forma-tela, com os meios de tratamento do vídeo, sofre outra metamorfose. Torna-se o caminho montanhoso por onde passam os combatentes, o cenotáfio dos soldados mortos ou uma rotativa de imprensa da qual saem retratos de Durruti. A forma eletrônica torna-se assim um teatro da memória. Torna-se uma máquina de transformar o representado em representante, o suporte em motivo, o documento em monumento.

Mas, ao realizar essas operações, essa forma se recusa a reduzir-se à pura expansão da matéria metamórfica. Mesmo quando se torna suporte ou teatro de ação, continua a funcionar como tela, em seus dois sentidos. A tela é uma superfície de manifestação, mas também uma superfície opaca que impede as identificações. Assim, a forma eletrônica separa as imagens cinzentas do arquivo das imagens coloridas da paisagem de *western*. Portanto, separa dois regimes de imagens analógicas. Ao separá-los, divide sua própria homogeneidade. Descarta a pretensão a uma arte em que o cálculo artístico se traduz exatamente na matéria visível. A pensatividade da imagem é essa distância entre duas presenças: as formas abstratas engendradas pelo pincel eletrônico criam um espaço mental em que as imagens e os sons da Alemanha nazista, da guerra civil espanhola ou da explosão de Hiroshima recebem a forma visual que corresponde àquilo que elas são para nós: imagens de arquivos, objetos de saber e memória, mas também obsessões, pesadelos ou saudades. Vasulka cria um espaço memorial cerebral e, alojando nele as imagens das guerras e dos horrores do século, descarta os debates sobre o irrepresentável motivados pela desconfiança em relação ao realismo da imagem e seus poderes emocionais. Mas, inversamente, os acontecimentos do século privam o vídeo do sonho da ideia a engendrar sua própria matéria. Impõem-lhe as formas visuais que são aquelas nas quais se conservam e constituem uma memória coletiva: filmes, telas, livros, cartazes ou monumentos. A pensatividade da imagem é então essa relação entre duas operações que põe fora de si mesmos a forma pura demais ou o acontecimento carregado demais de realidade. Por um lado, a forma dessa relação é determinada pelo artista. Mas, por outro, é só o espectador que pode fixar a medida da relação, é só o seu olhar que confere realidade ao equilíbrio entre as metamorfoses da "matéria" informática e a encenação da história de um século.

É tentador comparar essa forma de pensatividade com a que é posta em jogo por outro monumento edificado pelo vídeo para a história do século XX, *Histoires du cinéma* de Godard. Este último sem dúvida trabalha de maneira totalmente diferente de Vasulka. Não constrói nenhuma máquina de memória. Cria uma superfície na qual todas as imagens podem deslizar umas sobre as outras. Define a pensatividade das imagens com dois traços essenciais. Por um lado, cada uma ganha ares de uma forma, uma atitude, um gesto parado. Cada um desses gestos contém, de alguma maneira, o poder que Balzac atribuía à sua marquesa – o de condensar uma história num quadro –, mas também o de pôr outra história a caminho. Cada um desses instantâneos pode então ser destacado de seu suporte particular, deslizar sobre outro ou acoplar-se com outro: o plano de cinema com o quadro, a foto ou a atualidade cinematográfica. É o que Godard chama de fraternidade das metáforas: a possibilidade de uma atitude desenhada pelo lápis de Goya associar-se com o desenho de um plano cinematográfico ou com a forma de um corpo supliciado nos campos de concentração nazistas, captado pela objetiva fotográfica; a possibilidade de escrever de múltiplos modos a história do século, em virtude dos dois poderes de cada imagem: o de condensar uma multiplicidade de gestos significativos de um tempo e o de associar-se com todas as imagens dotadas do mesmo poder. Assim, no fim do primeiro episódio das *Histórias*, o jovem da *Cena de banho de Asnières* de Seurat ou os passeantes de *Tarde de domingo na Grande Jatte* tornam-se figuras da França de maio de 1940, a França do Front Popular e das férias pagas, apunhalada por uma Alemanha nazista simbolizada por uma devassa policial extraída de *O Vampiro de Dusseldorf* de Fritz Lang, após o que vemos blindados, extraídos de atualidades cinematográficas, enfiar-se nas paisagens impressionistas, enquanto alguns planos extraídos de filmes – *A Morte de Siegfried, O Testamento do Doutor Mabuse, Ser ou não ser* – vêm mostrar que as imagens do cinema já tinham desenhado as formas daquilo que, com a guerra e os campos de extermínio, se tornaria imagens de atualidade cinematográfica. Não voltarei à análise dos procedimentos de Godard[29]. O que me interessa aqui é a maneira como ele põe em prática o trabalho da figura em três níveis. Em primeiro lugar, ele radicaliza a forma de figuralidade que consiste em entrelaçar duas lógicas de encadeamento: cada elemento é articulado a cada um dos outros segundo duas lógicas, a do encadeamento narrativo e a da metaforização infinita. Num segundo nível, a figuralidade é o modo como várias artes e várias mídias intercambiam seus poderes. Mas, num terceiro nível, é o modo como uma arte serve para constituir o imaginário de outra. Godard quer fazer com as imagens do cinema aquilo que o próprio cinema não fez, porque traiu sua vocação ao

---

29. Tomo a liberdade de remeter, a propósito, às análises que apresentei em *Fable cinématographique*, Paris, Seuil, 2001, e *Le Destin des images*, Paris, La Fabrique, 2003.

sacrificar a fraternidade das metáforas ao comércio das histórias. Ao desligar as metáforas das histórias para com elas fazer outra "história", Godard faz esse cinema que não foi. Mas o faz com os meios da montagem de vídeo. Constrói, na tela de vídeo, com os meios do vídeo, um cinema que jamais existiu.

Essa relação de uma arte consigo mesma pela mediação de outra pode fornecer uma conclusão provisória a esta reflexão. Tentei dar algum conteúdo a essa noção de pensatividade que na imagem designa algo que resiste ao pensamento, ao pensamento daquele que a produziu e daquele que procura identificá-lo. Ao explorar algumas formas dessa resistência, quis mostrar que ela não é uma propriedade constitutiva da natureza de certas imagens, mas um jogo de separações entre várias funções-imagens presentes na mesma superfície. Entende-se então por que o mesmo jogo de separações apresenta-se tanto na arte quanto fora dela, e como as operações artísticas podem construir essas formas de pensatividade pelas quais a arte escapa a si mesma. Esse problema não é novo. Kant já apontava a separação entre a forma artística, a forma determinada pela intenção da arte, e a forma estética, aquela que é percebida sem conceito e rechaça qualquer ideia de finalidade intencional. Kant chamava de ideias estéticas as invenções da arte capazes de estabelecer a junção entre duas "formas", que é também um salto entre dois regimes de apresentação sensível. Tentei pensar essa arte das "ideias estéticas" ampliando o conceito de figura, para fazê-la significar não mais a substituição de um termo por outro, mas o entrelaçamento de vários regimes de expressão e do trabalho de várias artes e várias mídias. Inúmeros comentadores quiseram ver nas novas mídias eletrônicas e informáticas o fim da alteridade das imagens, quando não o fim das invenções da arte. Mas o computador, o sintetizador e as tecnologias novas em seu conjunto não significaram o fim da imagem e da arte tanto quanto a fotografia ou o cinema em seu tempo. A arte da era estética não deixou de se valer da possibilidade que cada mídia podia oferecer de misturar seus efeitos aos das outras, de assumir seu papel e de criar assim figuras novas, redespertando possibilidades sensíveis que haviam esgotado. As técnicas e os suportes novos oferecem possibilidades inéditas a essas metamorfoses. A imagem não deixará tão cedo de ser pensativa.

# Origem dos textos

Os textos aqui reunidos representam a última versão de conferências cujas versões anteriores foram apresentadas em francês ou em inglês, depois de vários remanejamentos, em diversas instituições universitárias, artísticas e culturais nos últimos quatro anos.

Agradeço pela contribuição para este livro a todas as pessoas que me convidaram e acolheram, discutindo as diversas versões desses textos nas seguintes instituições: Quinta Academia Internacional de Verão em Frankfurt-am--Main (2004); SESC Belenzinho em São Paulo (2005); Escola de Belas-Artes de Lyon (2005), CAPC de Bordeaux (2005); Festival Home Works em Beyrouth (2005); Instituto Cultural Francês de Estocolmo (2006); Segunda Bienal de Arte de Moscou (2006); Universidade Internacional Menendes Pelayo de Cuenca (2006); Fundação Serralves de Porto (2007); Hochschule der Kunste de Zurique (2007); palácio Bozar de Bruxelas (2007); Pacific North College of Arts de Portland (2008); Mumok em Viena (2008).

Södertörn University College (2006); Universidade de Trondheim em Paris (2006); Universidade de Copenhague (2007); Williams College em Williamstown (2007); Dartmouth College (2007); Universidade Europeia de São-Petersburgo (2007); Centro Eikones da Universidade de Basileia (2007); University of California, Irvine (2008); University of British Columbia, Vancouver (2008); University of California, Berkeley (2008).

"O espectador emancipado" foi publicado em sua sua versão original inglesa no *Art Forum*, XLV, n? 7, março de 2007.

Uma versão inglesa das "Desventuras do pensamento crítico" foi publicada em *Aporia, Dartmouth Undergraduate Journal of Philosophy*, outono de 2007.

Por fim, a reflexão sobre a imagem pensativa deve muito ao seminário realizado em 2005-2006 no museu do Jeu de Paume.